朝日選書
1042

変質する平和主義

〈戦争の文化〉の思想と歴史を読み解く

山本昭宏

朝日新聞出版

目次

第四章　震災後社会を「どう生きるか」　159
――二〇一一年から現在まで

変質する平和主義

〈戦争の文化〉の思想と歴史を読み解く

山本昭宏

まえがき

「戦争と平和」の語りにくさ

「戦争と平和」について何らかの意見を表明するときに、若干の緊張感を抱くという人は多いのではないか。相手の気分を害したり、傷つけたり、怒らせたりしてしまうかもしれないという恐れがあるからだ。ロシアとウクライナの戦いにしても、パレスチナのガザ地区を拠点とする武装組織・ハマスとイスラエルの衝突にしても、何か言おうとすると「踏み絵」を踏まされているかのように緊張してしまう。どこに地雷が潜んでいるのかわからないため、息をひそめて通り過ぎる。あるいは憂慮しているという表情を作って、話題が過ぎるのを待つ。ことほどさように、「戦争と平和」は扱いにくい話題になっているのではないか。

なぜそんなに「戦争と平和」は語りにくく、ややこしいのか。その理由は、「戦争と平和」が、「諸個人の生死」と「集団の意思決定」の絡まりあう問題領域だからだ。一度だけの人生を戦争に奪われたくはないが、奪われることを避けるために開戦が決まってしまうということがある。そのとき、戦争に対していかなる態度を取るのかは、たんに「個人の自由」の一言で片付けるわけにはいかない。徴兵や供出や各種の自由の制限など、国家や集団が個人に対して何らかの強制力を発揮するからだ。

したがって、「戦争と平和」に関する意思表示は、私たちの生を外側から方向付ける力をどのように把握するのかという問題と切っても切り離せない。一例を挙げるならば、軍隊組織をどの程度まで認めるのか、あるいは認めないのか、という問いがある。この問いは、国家に対抗する内外の諸勢力に対してどのような強制力を国家に持たせるのが妥当なのかという巨大な問題へとつながり、最終的には国家なるものをどのように認識するのかという、これもまた途方もない問いに帰着するだろう。

つまり、「戦争と平和」は非常に多様な論点を容れ込むことのできる巨大な器であり、何でも入れられるがゆえに「何とでも言える」ところがあり、それゆえに「言いたい放題」で、いつまでたっても話が進まないという方向に流れる傾向があるのだ（筆者の議論もそのように受け止められるかもしれないのだが）。そうした磁場のなかで考え、発言するのは面倒であり、それならばそっとブラウザを閉じて（テレビを消して）おいたほうが賢明だ——そういう態度に至るのも不思議はない。

語りにくさの原因は他にもある。そもそも、「戦争と平和」という問題領域は、たいへん漠然としている。戦争という言葉の指示対象と平和のそれには曖昧な部分が残るし、両者の関係も実は判然としない。私たちは通常、国家間の武力衝突を戦争と呼んで、国家とその内部集団の武力衝突を内戦と呼び、国家とその外部集団との衝突や集団と集団の衝突を紛争と呼ぶことが多い。しかし、そうした呼び分けはあくまで便宜的なものである。たとえば「平和とは戦争のない状態だ」という言い方がある。この言い方はしばしば目にしたり耳にしたりするが、そのとき戦争という言葉は内戦も紛争も含み込んでいるはずだ。内戦状態や紛争状態を平和と呼ぶ者はいないのだから。他方で、特定国家とその国家がテロリストとみなした集団とのあいだの武力衝突を「対テロ戦争」と呼ぶこともある。このように、私たちは、戦争という言葉の外枠を、論じる対象となる武力衝突の様態や特定集団の意図に応じて自在に伸び縮みさせてきた。

平和についても同様のことが言える。ここでも「平和とは戦争のない状態だ」という言い方を手がかりに考えてみよう。たとえば、強権的で差別主義的で自由も平等も人権も認めないある国家（SF的に異星人でも構わない）が地球を征服したとする。地球から国境がなくなったのだから、国家間の武力衝突というものは存在しない。それでも「戦争がなくなったのだから平和だ」と言えるだろうか。おそらくは言えない。自由も平等も人権もない生を、私たちは平和とは呼ばないはずだ。むしろ、そのような地球は内乱のリスクの高い不安定な状態であり、リスクを減らすための過剰な警察行動が人びとを抑圧することになりそうである。言わずもがなのことを付け加えておくと、人類が絶滅したら戦争はなくなるが、そこに人間の平和はない(地球環境にとっては平和なのかもしれないが)。

つまり、集団が殺し合っている状態だけが「戦争」なのでもなければ、集団が殺し合っていない状態だけが「平和」なのでもない。「戦争と平和」を対置させるのはわかりやすいが、そこには不正確な部分が常に残されている。そうした不正確な部分を含み込んではいるものの、「戦争と平和」という問題領域が、それぞれの時代の文明・文化を測ろうとする際にもっとも有効な主題のひとつであることは疑えない。国家や集団が内部構成員を兵士として死の危機にさらす以上、戦争には高度で現代的な科学・技術や思想などの人間的営みがつぎ込まれるからだ。平和についても同じである。平穏や安寧を守りたいという心情は当然ながら非常に根強いものであり、それゆえに平和を求める思想や運動には同時代の人間の営みが結晶しているとみなすことができる。

本書の概要

「戦争と平和」の語りにくさは、いつの時代にも存在する根深い問題だが、そこには現代的な要素もある。現代の言論環境や人びとの価値観は「戦争と平和」の語りにくさにどのように関係しているのだろうか。本書では「戦争と平和」の精神史を記述していくが、過去を振り返る際の足場となる現代日本社会についてはしっかりと踏み固めておく必要がある。その作業を行うのが第一章である。第一章では、おもにロシアによるウクライナ侵攻を日本社会がいかに受け止めたのかを取り上げて、平和主義の現在地を浮き彫りにする。

第二章以降では、「戦争と平和」に対する日本社会の反応について歴史を遡って考えていくが、無限に過去へと遡行するわけにもいかない。どこかに現在の起点を置いて論じることになるが、その場合はどこに起点を置くのが妥当だろうか。難しい問題だが、本書では現在の起点として一九八九年を重視する。現代日本を論じた著作は、社会学、歴史学、政治学の分野に多く、それらのなかで一九八九年はしばしば転機として捉えられている。その理由は、東西対立を象徴する「ベルリンの壁」が崩壊し、米ソ首脳が冷戦の終結を宣言し、国内においては天皇が亡くなり、参院選で野党が過半数を獲得するなどの出来事が相次いだからである。本書は従来の理解を踏襲しつつ、この年が「戦争と平和」をめぐる新たな議論の起点だったという視点を付け加えたいと考えている。

一九八九年以降の約三五年間を、「戦争と平和」をめぐる日本社会の精神史という観点から区分けするとすれば、次の三期に分けることができるだろう。

第一期は、一九八九年から二〇〇一年まで。ポスト冷戦期にあたるこの時代は、欧米に追い付こうとする「キャッチアップ型近代」が終わったあとの時代、すなわちグローバル化の作用と反作用が多様に表面化した時代である。

冷戦には、文字通りの「戦争」という側面と、東西陣営内部の「平和」という側面の両面があったと捉えることができる。「同盟国」の内部では、国家エリートたちの言葉やマスメディアのイメージによって国民の敵意が「動員」され、世界に視野を広げれば全面戦争は起こらなかったが、局地戦争やゲリラとの戦いは生じていたし、植民地解放を掲げる勢力の活動も盛んだった。さらに反基地闘争や左翼の暴力革命路線なども考慮すれば、冷戦期を「熱い平和」として捉える見方は成立するだろう。体制内部だけに限定するならば、冷戦期とは基本的には繁栄の時代であり、「向こう側」よりも自分たちの方が幸せであることを納得したがっていた「平和」の時代だった。

冷戦の終結は、人びとにグローバル化を強く意識させた。日本では主に次の三つの局面のグローバル化が「自由」の名の下に進展する。第一は平和主義に関するもので、中東での度重なる危機に際して自衛隊の「国際貢献・協力」と日本国憲法の平和主義との関係をめぐる議論として表れた。戦後民主主義から「自由」になる、という意味である。第二は経済に関するもので、長期不況によって醸成された新自由主義的な精神性である。その精神性を方向付けたのは、政治家というよりも官僚や影響力のある経済学者・財界人たちだった。第三は東アジアの歴史認識問題である。日本で「自由主義史観」を掲げる団体の活動が目立ったのもこの時期である。これらの問題は、本書の第二章で考察する。

第三期は、二〇〇一年から二〇一一年までとする。この約一〇年間を、本書は「戦争と平和」の再定義期として把握している。九〇年代に起こった自衛隊の海外出動を認める議論の正統性は「国際貢献・協力」にあったが、いわゆる「対テロ戦争」やイラク戦争時の日本政府の対応が示すように、二〇〇〇年代には日本の「貢献・協力」の相手がもっぱらアメリカにみえてしまうという出来事が続いた。

では、「対テロ戦争」による「戦争と平和」の再定義とはどういうことか。具体的には第三章で考察するが、ここでも予備的に書いておくと、再定義とは「総力戦」とも「冷戦」とも異なる次のような事態を指す。いわゆる「対テロ戦争」は、正規軍と非正規軍の戦いがいつどこで始まり、終わるかわからないという意味で、時間的・空間的に従来の戦争概念を変容させた。さらに、そこに情報技術による兵器の高度化やドローン兵器の登場が重なった。索敵＝監視システムが日常化する世界は、新自由主義的なグローバル化がいっそう進む世界でもあった。日本国内では、赤木《あかぎ》智弘《ともひろ》の論考「「丸山眞男」をひっぱたきたい 31歳、フリーター。希望は、戦争。」（『論座』二〇〇七年一月号）に代表されるように、格差社会が「戦争」の比喩で語られた。これらを考慮に入れれば、「戦争と平和」という言葉が指していた意味空間が溶解した時代だと整理できるが、これについては第三章で詳述する。

第三期は、二〇一一年から現在まで、東日本大震災以降の十余年を扱う。震災後の社会は、二〇〇〇年代に進んだ傾向が固定化された時代だったと捉えることができる。社会民主主義的発想が日本社会で弱体化し、もはや福祉国家というモデルを誰も覚えていない——あるいは忘れたふりをする——という環境が生まれた。福祉国家とは「ゆりかごから墓場まで」という言葉が表しているように、国民に対して手厚い社会保障を用意する自由主義国家のモデルを指すが、手厚い社会保障は戦争が要請したという側面がある。兵士たち自身に対して、あるいは遺族に対して、総力戦を戦うすべての国民に対して生活を保障することは、戦争を継続したり戦争を準備したりする国家にとって、必要不可欠な課題だった。自分たちを守ってくれない国家にすすんで協力する者などいないからだ。

福祉国家モデルが国家による戦時動員と対応するものだったとすれば、福祉国家モデルの退潮は、「戦争と平和」と国民の関係変容をも示唆している。人びとに自助を求め、社会保障を切り詰める国家が国民を精神的に動員するためには、従来にも増して愛国心や自衛隊への感謝の念を強調せねばならなくなる。東日本大震災と原発災害の際には、自衛隊の災害出動や米軍の支援活動、自衛隊機による原発への放水など、前線での危機対応が大きく報じられたが、そこでは軍事的なものによる社会統合が象徴のレベルで進展するという様相を読み取ることもできる。さらにこの時代には二〇一五年のいわゆる「平和安全法制」をめぐる議論も盛り上がった。集団的自衛権の行使容認は一種の解釈改憲であり、憲法に基づく平和主義は骨抜きにされたとも言われた。憲法の条文が変わっていないことに注目すれば、戦後日本の平和主義が理念として残っていると言えなくもないが、それを真に受ける者は社会のあらゆる場所で、目に見えて少なくなっていった。この十余年間の日本社会を「戦争と平和」という観点で振り返るのが、第四章の課題である。

終章では、より根本的な平和主義の可能性を考査するため、民主主義と「戦争と平和」の関係を考査するとともに、戦後日本の平和主義と現在の平和主義を対比的に捉え、その変質を浮き彫りにする。

「戦争と平和」の精神史的考察

では、「戦争と平和」をめぐる日本社会の精神史を振り返る際に、何が資料になるだろうか。精神史という以上、この社会を生きる人間の内部に浸透している価値観やものの見方を論じるわけだが、人びとの価値観やものの見方は多様な表れ方をするため、そこにアプローチする方法もまた多様である。

本書では、歴史家の安丸良夫《やすまるよしお》『現代日本思想論　歴史意識とイデオロギー』(岩波書店、二〇〇四年)の方法を踏襲して、政治的な出来事とそれに関係する言論、思想、文化、社会調査などを対象にしたい。その時代を生きる多くの人びとに広く共有された精神は、特定の集団が人びとに対して一方的に押しつけたから共有されたのではない。特定集団の意図によって人びとの精神が染まってしまうという考え方は、人びとの精神の自律性を低く見積もることになりかねない。他方で、多くの人びとが特定集団の精神を支持したからといって、それをそのまま人びとの自発的・自律的な選択だとみなすこともできない。「軍国主義」を支持した人びとの精神に迫ろうとした日本の戦後思想の蓄積が教えてくれるのは、両者の相互関係への関心と構造的把握の意思であり、社会のあらゆる現象から手がかりを見出して仮説的に論じようとする試行の重要性である。

本書が扱う対象について、無造作で恣意的な選択だと言われるかもしれないが、ここで思想史家・藤田省三《ふじたしょうぞう》を思い出しておいてもいいだろう。藤田は「人間の社会が事物に遭遇してそれとの相互交渉を営み始めた場合に現われ出る、感受性の動きと反省的意識の働きと形象の創造と理論的追求の営みとを、――そのどれかを理由なしに切り捨てたり弾圧したり無視したりしないで――相互に葛藤しながら相関連し合うものとして取り扱い、その関連をこそ出来る限り明かにしたい」と述べたことがある（『精神史的考察』の「あとがき」）。藤田の顰《ひそ》みに倣うことにしかならないけれども、本書なりに精神史的考察を目指してみたい。

本書が扱う対象は、より具体的に言えば、影響力を持ったエリートたちの思想、人びとが親しんだ小説やマンガやアニメーション、話題になった諸現象などである。戦争に関連する諸現象を扱うのは当然としても、「戦争と平和」をめぐる認識は多岐に及ぶため、直接的に「戦争と平和」に関係する材料だけを扱っていては、「戦争と平和」をめぐる認識の変化を辿ることはできないだろう。

間接的な資料だが、共通的な基盤をうかがい知るための材料となるものの一例を挙げるならば、たとえばスタジオジブリの作品がある（もちろん観たことがないという人もたくさんいるわけだが）。本書の第二章から第四章では、『紅の豚』『ハウルの動く城』『君たちはどう生きるか』などを扱っている。「国民的」とも形容される宮崎駿《みやざきはやお》のアニメーションは、ヴィジュアル的な魅力は当然として、彼に蓄積された戦後日本の「戦争と平和」の思想が、人物造形や世界設定や物語構造のなかに幾重にも折りたたまれ、詰め込まれていると捉えることができるからだ。もちろん、宮崎駿はあくまでひとつの例に過ぎない。

一九八九年以降の約三五年間で、日本社会は「戦争と平和」をいかに認識したのか。その認識はどのように変化したのか。日本の平和主義のどの部分がどのように変わったのか。それを記述することで、現代日本の平和主義を見定めたい。

第一章　「戦争」と「平和」の現在地

――ウクライナとイスラエルから考える

「戦争の文化」とは

二〇二二年二月二四日、ロシア軍がウクライナに侵攻した。二〇二三年一〇月七日には、パレスチナのガザ地区を拠点とする武装組織・ハマスがイスラエルを攻撃し、その報復としてイスラエル軍がガザ地区に侵攻したことは記憶に新しい。二〇二〇年代に入って、二〇世紀から続く国際問題が武力衝突として改めて表面化し、人びとが命を失う事態が相次いで生じたのだった。

ロシアによるウクライナ侵攻を受けた二〇二二年から二三年にかけての日本での議論では、次のような理解が「平均的」だったのではないか。つまり、国土が「侵略」されたウクライナの人びとの多くが徹底抗戦を決意している以上、いわゆる「西側」の国際社会が支援体制を整えるのは当然だ。この状況で停戦を呼びかけるような議論は、ロシアの蛮行を許すことになる。ウクライナの指導者の方針（たとえば一八歳から六〇歳の男性のみが、原則として出国禁止という方針）を批判するたぐいの議論は、結局のところ「どっちもどっち論」になり、やはりロシアに利するものだ、との理解である。他方で、イスラエルとハマスの軍事衝突についてはどうだろう。よりいっそう「自分事」として捉えにくいため、暗澹たる思いを持っていく場所がなく、関心を維持することさえ難しいというのが現状であるように思われる。

ロシアによるウクライナ侵攻について、右に記した受け止め方は、あくまで当初の理解の仕方であり、二〇二三年末から二〇二四年にかけては「支援疲れ」が言われるようになるなど、ニュアンスは微妙に変化した。二〇二三年末以降、アメリカがイスラエル問題に注力せざるを得なくなったこともあり、ウクライナへの「支援」がいつまでつづくのかは不透明になったからである。どのタイミングで、どのような条件で「停戦」が可能かという現実的な議論が始まる兆しもみられた。

ロシアによるウクライナ侵攻の衝撃を受けた当初の日本の反応に話を戻せば、当然ながらウクライナの側に肩入れする声が大勢を占めた。そうした声には同意できるところもあったが、当初の日本の議論では、ウクライナやロシアという国家やその指導者、あるいはその国民全体を主語にして立論されがちであり、そこに「戦争の文化」の典型例があったとも言えるだろう。

ここで「戦争の文化」と呼ぶのは、国際関係、動員された兵士や死者の具体的な数、配備される兵器の解説、そして破壊の映像や地図を使って説明される被害状況などによって構成された、戦争を語る際の枠組みを指しているが、それに加えて、さらにその内部で多様に切り結ぶ言葉やイメージの集合をも指している。こうした「戦争の文化」によって、先述した国家・国民という巨大な主語が使用されるという特徴や、言外に「結局お前はどちらに立つのか」と踏み絵を迫るという現象が生じる。日本の場合は、いわゆる「台湾有事」の議論が高まったように、「攻められたらどうするのだ⁉」という発想がついて回るし、「祖国」や「国民の生命と安全」というどこか決然とした感じだけは伝わる言葉があふれることになる。

「戦争の文化」の問題は「戦場において何らかの力」を行使している人間の主体性が、ほとんどと言ってよいほど配慮されない（あるいは意図的に無視される）点にある。「何らかの力」と書いたのは、武器を使う物理的・明示的な力もあれば、より消極的な反抗・不服従などの力もあるからだ。主体性が配慮されないというのは、たとえば、戦闘に参加するウクライナの人びとのなかにも（ロシアの人びとのなかにも）多様な意見があり、態度にもグラデーションがあるという当然のことが、顧みられないということだ。戦争との距離が縮まるにつれて多様な声が聴こえなくなるという事例については、日本の戦争をめぐる戦後の議論が繰り返し言及してきた。もっとも、そもそもロシアのウクライナ侵攻以前の私たちがそうした声を聴こうとしていたのかという問題は残るけれども――とにかく、気がつけば誰もが、誰に言われたわけでもないのに、自ら進んで「戦争の文化」のなかで発話しているのではないか。

ここで「戦争の文化」という言葉を使うのは、アメリカの歴史学者、ジョン・ダワーの『戦争の文化　パールハーバー・ヒロシマ・9.11・イラク』（三浦陽一監訳、田代泰子・藤本博・三浦俊章訳、上下巻、岩波書店、二〇二一年）を念頭に置いてのことだ。ダワーが言う「戦争の文化」の根幹にあるものとは何か。「戦争の文化」は、戦争の原因・継続・結果に関わる人間の営みを総称する多義的な言葉だが、その構成要素としてダワーが言及したものを整理

ウクライナ・ボロジャンカ。攻撃を受けた街。Ⓒ朝日新聞社

し直すならば、「大国意識」「希望的観測」「異論排除と同調圧力」「宗教的・人種的偏見」「想像力の欠落」などが挙げられる。これらの要素が絡まり合って、選択の余地があるところで開戦の決断がなされ、情報は都合よく切り貼りされ、聖なる戦争が吹聴される。戦争に適合するための論理がひねり出されたり、よりマシな悪を選ぶという発想が幅を利かせたりすることも「戦争の文化」の一部なのだとダワーは言う。ダワーが挙げた「大国意識」や「異論排除」「偏見」という集団的意識の特徴は、かつてノルウェーの社会学者、ヨハン・ガルトゥングが戦争の原因として挙げた「構造的暴力」とも重なり合っている。

しかし、考えてみれば、以上のような「戦争の文化」の問題は、なにも戦争を語る際だけに当てはまるのではない。私たちの社会は、普段から「戦争の文化」のなかで生きている。国際関係をめぐる報道や専門家の政論がそうである。国際関係だけではない、国内の政党間の対立や企業間競争をめぐる解説がそうである。要は、個人とその個人が何らかの帰属意識を抱く集合体（国家・政党・企業など）とを直結・同期させる言葉が、文字通り空気のように存在しているように思える。当該社会を生きる人びとの多様性を思えば、特定の指導者の名前を挙げて「〇〇の国・党・会社」と一様に総称してしまうことは、なかなかに失礼なことではあるのだが、私たちは「それはそれ」としてスルーしている。

ドローン・AI・「非正規」の戦争

現代の「戦争の文化」をより複雑にしている要素についても瞥見《べっけん》しておこう。その要素とは、ロシアとウクライナ、そしてイスラエルとハマスのあいだの武力衝突において実戦配備されているドローンとAIという新たなテクノロジーのことである。

『朝日新聞』の報道によれば、イスラエル軍は二〇一九年頃から、ハマス対策としてAIを導入していた。そして、二〇二四年一月には、アメリカのデータ解析企業「パランティア・テクノロジーズ」から戦争支援のための技術提供を受けること合意したという。[1] なお、二〇二二年以来、ウクライナ軍も同社のAIシステムを利用している。

「パランティア・テクノロジーズ」は二〇〇三年の創業以来、米国防総省やCIA、移民税関捜査局などにデータ解析ツールを提供してきた実績を持つ。同社の幹部には、オバマ政権で対テロ対策を担当した者もいるという。二〇〇〇年代の対テロ戦争はドローンを本格的に使用した戦争として知られる。対テロ戦争がいかに戦争概念を変えたのかについては、本書の第三章で議論するが、この戦争に関わった高官が民間企業に転職し、いまではAIによる戦争の推進者となっているところに、アメリカの軍産複合体の現在地があると言えるだろう。

「パランティア・テクノロジーズ」が戦場用に提供しているAIシステムとは、報道によると次のようなものだ。偵察衛星による地上の情報、ミサイルの熱などを捉える赤外線システムなどの機密情報から、AIが瞬時に攻撃すべき位置を割り出す。さらに、攻撃目標を設定すれば、こちら側の兵器の情報や展開中の部隊の位置情報などから、AIが実行可能な攻撃の選択肢を複数提示するのだという。戦場での情報が合理化されたと言うよりも、人間が判断を働かせる余地が切り縮められているようにみえるが、これは不可逆的な変化である。もっとも、これまでにも報道されてきたように、ロシア軍もウクライナ軍もドローン部隊にも力を入れているが、ドローンとAIという新しい技術が使われているこの戦争は、戦場が最新兵器の実験場となるという意味では、不幸なことに従来の戦争を踏襲している。

ドローンとAIが配備された新たな戦場であっても、たとえば敵味方のドローンが闘い合ってそれで勝ち負けが決まるというわけではない。もしそうなれば、それは戦争というよりも、スポーツやゲームに限りなく近づくだろう。しかし、ドローン攻撃やサイバー攻撃の比重が増したとはいえ、戦場で人の命が失われるという点は何も変わらないのである。一般論で言えば新たなテクノロジーが可能にする効率の良さは、私たちに利益をもたらす。その一般論は戦争や紛争を戦う双方にもあてはまる。ドローンとAIというテクノロジーは、より効率よく敵を探し出し、より効率よく殺傷し、味方のリスクをより減らし、より多くの味方の命を救うことが期待され、実際それを遂行しているのだ。新たなテクノロジーは「戦争の文化」のなかの「希望的観測」「異論排除と同調圧力」「想像力の欠落」などに、もはや後戻りできないほどの深い影響を与えることは避けられないだろう。この点についても、本書の第三章でより踏み込んで考察してみたい。

現代の戦争を特徴づけるもうひとつの要素は、非正規軍の存在である。非正規軍はパルチザンや傭兵としてずっと存在してきたが、現代の非正規軍の特徴は、テロリストと呼ばれる武装集団と民間軍事会社、そして子どもの兵士の存在が増しているところにある。

思想家の西谷修《にしたにおさむ》はＷｅｂ連載「思想と戦争」において、民間軍事会社に注目している。冷戦後のアメリカでは、退役軍人らによる民間軍事会社（PMC, private military company）の起業が増え、軍事分野に新規参入する企業も増えた。さらに、すでにみたように「軍事」の領域自体が情報技術分野に拡大したため「軍事関連企業」の枠組み自体が広がった。こうして、「これまでの戦争が国家の専権業務だったとするなら、その内実が営利を求めて自由に活動する『私企業』によって担われるようになった」と西谷は指摘する。[2] 戦争を起こすのは国家だが、個別具体的な戦闘が企業によって担われるのならば、戦場での各種の「責任」を負うのは一体だれなのか？　軍務も労働のひとつだと言うならば、非正規労働が増える世界において、非正規の軍隊が増えるのは当然なのかもしれない。なお新自由主義と戦争の関係についても、ドローンやＡＩと同様に、本書の第三章で論じることになる。

「平和の文化」とは

「戦争の文化」について確認してきたが、ひるがえって、「平和の文化」と呼べるものはあるのだろうか。ダワーはそこまで書いていないが、ダワーを踏まえるならば、さしあたっては次のように言えるだろう。つまり、ダワーが挙げた「戦争の文化」の構成要素を裏返したものだ、と。つまり、「大国意識を持たず」「悲観的観測を重視し」「異論を排除せず」「同調圧力を作らず」「宗教的・人種的偏見を批判する」そのような「想像力を発揮する」ことだと言える。

「ひとりひとりの気持ちが大事とか、そういう話ですか？」という反応が返ってきそうだが、その点はイエスでありノーでもある。「平和の文化」とは、どのような世界を理想とするのかという各人の思想と実践を通して表れるものであって、「気持ち」とも言えるが、決してそれにとどまるものではない。大国意識を持ちたい者や希望的観測で人心を集める者はいつの時代も存在し、そこに「戦争の文化」の根深さがあるのだが、偏見や圧力の下で生きたいと思う者はいない。「私たちはどのようにして生きたいのか」という自問自答から生まれる行動は、人間を人間たらしめるゆえんのひとつなのであり、それこそが平和の文化の基盤となるものだ。

ところで、ダワーは「戦争の文化」として、「宗教的・人種的偏見」を挙げている。それを念頭に置いて、現代世界の課題であり続けているイスラエルとパレスチナの対立に話題を移そう。両者の対立は植民地主義と宗教対立が絡まり合った複雑なもので、他の要素もあわせて、「戦争の文化」を集約していると言えるが、ここでは宗教的対立という側面に注目してみたい。

「これしかない」というような言い方で唯一の真理を奉じる絶対主義的思考や歪んだ普遍主義的思考が、他者への不寛容の根幹にある——そのことはおそらく誰もが知っているが、そうした思考から脱却するのは容易ではない。そして、絶対主義的思考や普遍主義的思考は、（宗教だけではないが）宗教にしばしば見出される。ドイツの社会学者、ウルリッヒ・ベックは「平和は真理に対して新たな優先権を得るようになる」と論じたことがある。[3]（宗教的）真理か平和かの二者択一ではなく、（宗教的）真理に優先権を認めつつ、新たに平和にも同等の優先権を認めるべきではないかと問題提起したのである。ベックは宗教がもつ「コスモポリタン的アクターとしての力」を高く評価するのだが、それはここでは措《お》く。宗教に代表される「真理」が、ときに偏見を生み、人を殺すことを、私たちの歴史は幾度も経験してきたし、それはいまもまた繰り返されている。ベックを踏まえて、筆者なりに身も蓋もない言い方をしてしまえば、宗教は「戦争の文化」にも「平和の文化」にもなり得るということだ。

日本の場合は宗教団体の平和運動について厚い歴史的蓄積を持っているが、少なくとも現代に限っていえば、「戦争と平和」を考える際に対象とすべきなのは公明党の支持母体として知られる創価学会だろうか。自民党と連立を組む公明党が安全保障政策をどのように考え、それが支持母体の人びとの意向をどの程度汲むものなのか、筆者には判断できないが、重要なアクターであると思われる。公明党についてはのちに触れるとして、以下では現代日本の「戦争と平和」を総体的に把握するために、日本国内に目を向けてみよう。

G7サミットと原爆犠牲者への献花

二〇二三年の五月一九日から二一日にかけて、G7サミットが開かれた。初めて被爆地広島で開催されたこのサミットでは、G7首脳が平和記念資料館を視察し、原爆犠牲者に献花する姿を見せるなど、広島で開催された意義を示す行事が続いた。他方で、発表された「広島ビジョン」には、G7陣営の核兵器を抑止力として正当化する文言があり、核廃絶を求めてきた被爆者たちからは落胆と批判の声も上がった。[4] ここには、皮相かつ皮肉な意味で、「平和の文化」のひとつの表れがある。

「皮相かつ皮肉な意味」というのは次のような意味である。第一に、G7の首脳による原爆犠牲者への献花について、献花された被爆者たちの死と、増え続けていたウクライナ人・ロシア人の死をつなぐ回路を掘り起こすこともできたが、そうはしなかったという意味だ。もちろん、各国首脳や会議を設定したエリートたちなど現実政治の最先端にいる人びとには、それは難しいだろう。政治的セレモニーに限界があるのは誰もが知っていることだ。むしろ、報道や言論の側が、国家が起こした戦争による死者をあわせて追悼することで、過去と現在を問い直すという作業をもう少し担ってもよいはずだったが、そうした機運は微弱で、報道や言論は為政者の意図や戦争の背景の説明・解説に終始した。つまり、行う側も報じる側も、「平和を祈る」という誰もそれ自体を否定しない言葉を厳粛な雰囲気で演じることで事足れりとしているのであって、そこに「皮相かつ皮肉な意味」での、「平和の文化」の利便性がある。

G7広島サミット。各国首脳との記念写真。Ⓒ朝日新聞社

第二に、核抑止力の正当化である。冷戦に関わった核保有国が、核兵器を持ち合うことで武力衝突を抑止できたと考えて、その抑止力を高く見積もるのには一定の根拠がある。しかしそれはあくまで「一定」であって、たとえばイ

ンドとパキスタンはパキスタンの核武装直後の一九九九年にカシミールのカルギル地区で軍事衝突を経験した（カルギル紛争）[5]。また、「常軌を逸した」独裁者には抑止力は機能しない。にもかかわらず、G7が核抑止力を正当化するのは、結果的にはインドとパキスタンを「例外視」することにもなりかねないのではないか。

そもそも核抑止という概念は、「戦争と平和」の境界線を部分的に融解させるところがある。核による威嚇を機能させるためには核ミサイルを「いつでも撃てる（反撃できる）」ように実戦配備する必要があるからだ。国内や同盟国内部にむけては平和維持のための核ミサイルの配備だと説明されるが、相手側は当然ながらそうは捉えない。通常の国境警備などにおける軍事力の配備とは質が異なるのである。それでも、核抑止力が手放されることはない。核抑止力は平和維持に貢献していると多数の人びとはいまもむかしも考えている。

核兵器について改めて考えるきっかけを与えてくれる映画が、二〇二四年三月に日本で公開された。クリストファー・ノーラン監督の新作『オッペンハイマー』である。この映画は、まだ核兵器も核抑止戦略も存在していなかった時代に、私たちを連れ戻してくれる。原爆開発により時の人となった物理学者のオッペンハイマーだったが、原爆は完成すると同時に彼の手から切り離される。戦後になると、彼は核兵器の開発競争を憂慮し、水爆開発にも批判的な態度を示すようになるが、「原爆の父」も国家戦略に対してはほとんど無力だった。オッペンハイマーは、核兵器を保有する米ソの対立について『瓶のなかに二匹のサソリを入れているようなものだ』と述べた。核抑止戦略のリスクをうまく捉えた言葉だが、戦後世界の指導者たちは、人間はサソリではないのだから合理的判断によって核戦争は回避できると考えてきた。こうした考え方は、いまや日本社会の多くの人びとが「日米同盟の堅持」を通して受け入れている。それと同時に、核抑止力による「平和」について、「戦争」との緊張関係で捉える視点を自ら手放しているのではないか。映画のなかのオッペンハイマーが抱いた不安に触れた観客は、国家と核兵器の関係を再考せずにはいられないだろう。

ところで、この映画は日本での公開が遅れたことで話題になった。日本公開が遅れたのは、原爆投下というセンシティブな主題が原因だったと言われる。映画公開の前後には、この作品が原爆投下後の広島・長崎を直接的には描かなかったということに関心が集まった。ノーラン監督は、大掛かりな爆発やアクションの場面でもCGを使わない「リアル志向」の監督で知られるからだ。今回の映画でも、彼は人類初の核実験の爆発を「再現」している。もちろん、火力を再現したのであって、核兵器を実際に爆発させたわけではない。ただし、ノーランが「再現」できたのはそこまでで、広島・長崎の惨状を「再現」しようとはしなかった。ノーランはオッペンハイマーの視点にこだわり、皮膚のただれた人間や黒焦げになった死体を彼の幻視として描くに留めたのである。ここからは次のふたつの問題を引き出せるだろう。

第一に、広島・長崎の惨状をリアルに「再現」できるのかという問題である。強い力を持つ映画表現が、被爆した人びとを「再現」してしまって良いのかという倫理的問題だ。かつて映画監督・吉田喜重は広島の原爆をテーマにして『鏡の女たち』（二〇〇二年）を撮ったが、その際「原爆投下を再現できるはずがない」と考え、平和記念資料館が所蔵する写真を引用するにとどめた。そこには吉田なりの倫理があったが、ノーランの表現からも同様の倫理を感じ取ることができる。この映画は、広島・長崎の惨状と被爆者と周囲の人びとの長きにわたる苦しみを、私たち自身で補って理解するための余地をあえて残しているのだ。もちろん直接的に描くのが不誠実だというわけではない。今村昌平の『黒い雨』（一九八九年）に代表されるように、リアルな再現にこだわったがゆえに胸を打つ表現もある。どちらも考え抜かれた末に選択された表現だという点が重要だろう。

第二の問題に移ろう。それは、「ノーランは広島・長崎をどのように描いたのか」という点に関心が集中するのはなぜか、という問題だ。言い換えれば、広島・長崎は誰の経験かという問題である。ハリウッド映画における原爆描写が話題になる理由は、私たちが広島・長崎は「日本人」に固有の経験だと認識しているからだろう。しかし、よく知られるように、広島・長崎で被爆し、命を落としたり苦しんだりしたのは「日本人」だけではない。さらに、その後に繰り返された核実験によって、世界中に「ヒバクシャ」が生まれた。また、映画が描いたように、原爆投下は科学者たちが心血を注いだ末の成功体験という側面もあり、アメリカ国民にとっては勝利の経験でさえあった。その事実を踏まえれば、広島・長崎の特別な経験を、その特別さを理解したうえで、より普遍的な経験へと開く回路のひとつとして、映画『オッペンハイマー』を鑑賞するという手もあるだろう。

徹底抗戦を支持した世論

ロシアによるウクライナ侵攻をめぐる日本社会の反応に話を戻して、この問題にもう少しこだわってみたい。この問題について、日本国内の世論を見定めるのは意外に難しい。

『日本経済新聞』が二〇二三年二月に実施した読者アンケート調査では、「生活や仕事に悪影響が出ても日本政府はウクライナ支援を続けるべきだ」と考える人が七割を占めるという結果が出た。同調査では、ロシアへの制裁を強化すべきだとする意見も七割を超えていた。『日本経済新聞』の読者のあいだでは、負担するコストが増えようとも、ウクライナ支援を支持するという意見が過半数を占めていたのである[6]。ロシアの軍事侵攻から一年後の二〇二三年二月の時点では、物価高による日常生活への影響も概して限定的であり、ウクライナは心理的にも遠かったのかもしれない。

他方で、逆の結果を示す調査もある。日本国際問題研究所とシカゴ・グローバル問題評議会が、二〇二二年九月に実施した日本の有権者に対する世論調査がそれである。同調査によれば、「家庭の負担増になるとしても必要なだけウクライナを援助するべき」という意見が四四・七％。

「家庭の負担増になるくらいならウクライナに和平の実現を促すべき」という意見が五五・三％だった。この結果を分析した、政治学者の飯田健《いいだたけし》は「自らが負担するコストを考慮した場合には必ずしもウクライナ支援に積極的でない日本の有権者の態度がうかがえる」と整理している。[7]

両調査は、ウクライナ支援の必要性とそのために払うコストを天秤《てんびん》にかけており、人びとの現実的な生活感覚を重視した貴重な調査になっているが、そもそも「ウクライナの徹底抗戦を支持するのかどうか」という点はみえにくい。それを知るには、生活への影響が出る前の調査を確認しておく必要がある。

ロシアによるウクライナ侵攻後の新聞各紙の世論調査を見れば、ロシアへの制裁を支持する世論が多数を占めていたことがわかる。二〇二二年三月に『朝日新聞』が実施した世論調査では、国内経済に影響が広がったとしても制裁を続けるべきだという答えが、六七％。「そうは思わない」が一九％だった。[8] また、『読売新聞』によると、日本がアメリカなどと連携して、半導体の輸出規制やロシア政府関係者の資産凍結などの経済制裁をとったことについて、「支持する」という答えが八二％を占めた。[9]

では、ウクライナの徹底抗戦を支持し、それを支援する日本を含む西側諸国の活動について、日本人はどのような認識を抱いたのだろうか。それを明確に把握できる世論調査は管見に入らないが、少なくとも二〇二二年から二三年にかけては、徹底抗戦への支持が目立ち、それとは別の意見は少数だったと言っていいだろう。学者たちが停戦を呼びかける声明を出し、各地での反戦デモも早期停戦を訴えていたが、それらは短く紹介されるのみで、大きなうねりにはならなかったようである。

ロシアの悪が明らかである以上、それに対抗するウクライナを支援する西側諸国に日本も加わることについて、心理的障壁はほとんどない。過去のベトナム戦争やイラク戦争とは明らかに異なる点である。戦争を起こしたロシアを非難すればするほど、西側諸国による多様な支援を是認しやすくなるという流れがある。

日本人がウクライナの徹底抗戦を支持するにしても、それとは別の態度を表明するにしても、実際に国土を侵略されたウクライナの人びとにとっては「そんなことよりも何をしてくれるのか」ということの方が大切であるに違いない。それはよくわかるが、私たちがどう変わったのかを見極めておく必要もあるだろう。

体験に基づいた戦後平和論

戦後日本の平和主義について簡潔に整理しておこう。戦後日本の平和主義は、憲法前文と第九条に明記された戦争放棄という理念に集約される。憲法の戦争放棄は、占領軍による敗戦国に対する主権制限という側面もあるが、占領下においてはマッカーサーの年頭所感や首相答弁などで、戦争放棄が人類平和のための指針として言及され、一定の説得力を有したこともまた事実である。

もっとも、戦争放棄という理念が活性化した最大の理由は、多様な戦争体験の分厚い層にあった。戦場・空襲・引揚げなどの経験は、「戦争で死ぬのは若い兵士や普通の市民だ」「戦争はもうこりごりだ」という実体験に基づく厭戦感情の基盤となった。また、国家に従って大変なことになったという後悔とそこから生じた国家への警戒感は、厭戦感情から一歩踏み込んだ力強い反戦平和運動へとつながっていった。厭戦感情を反戦平和運動へと方向付けたのは、戦後知識人たちによる啓蒙活動や、政党・労働組合・学生団体・宗教団体などといった各種中間集団の活動だった。

戦後日本社会における反戦平和運動の盛り上がりを支えた基盤については、生活保守主義という言葉である程度は説明することもできる。自らの生活をまずは守りたいという生活保守主義は、いつの時代にも存在するが、戦争の反省と生活保守主義とが結びついて、反安保や反核運動へと流れ込んだところに、戦後日本の積極的な反戦・平和主義の最大の特徴があるとも言える。つまり、二度と戦争に巻き込まれたくないという願いを持つ人びとは、「日本が戦争に近づいているかどうか」「右傾化しているかどうか」という「物差し」を使って、日本政府の外交・安全保障政策を見守っていたのであり、その「物差し」に照らして危険だと判断すれば、特定の政策に歯止めをかけるブレーキが、多様なルートを通して機能したのである。リベラリストも、マルクス主義者もこの点において反戦・平和主義に合流することができた。いずれにせよ、占領下から一九五〇年代にかけての日本社会では、程度の差はあるとはいえ、為政者から市民に至るまでの各層に、反戦・平和主義が浸透していたと言える。

ただし、世界を先導するとまで言われた反戦・平和主義は高度成長期を通して次第に現実主義化することになる。「六〇年安保」「七〇年安保」は政治的課題を表す言葉として成立したが、「八〇年安保」という言葉は通常は使わない。反安保を掲げた広範な社会運動は過去のものとなった。さらに一九九〇年代初頭になると、「国際貢献」の足かせとなる「一国平和主義」として、戦後の反戦・平和主義は批判の対象にさえなった（これについては本書の第二章で確認する）。二〇〇〇年代初頭は、アメリカの対テロ戦争やイラク戦争に協力するための特措法が成立し（本書の第三章）、二〇一四年に集団的自衛権の行使容認が閣議決定され、いわゆる「平和安全法制」が整えられた。二〇二二年一二月に安全保障関連三文書改定と防衛政策の大転換が閣議決定されたことは記憶に新しいが、もしかしたらもう忘れ去られているのかもしれない（第四章）。

こうした法や制度の整備によって、戦後平和主義の価値観は、実質的にはほぼ有名無実化しつつある。生活保守主義と国家批判を伴う平和主義との結び目はほどけ、「日本が戦争に近づいているかどうか」「右傾化しているかどうか」という「物差し」が機能しなくなったのである。

さて、さきほど確認した日本国際問題研究所とシカゴ・グローバル問題評議会の世論調査を再び見ておこう。「家庭の負担増になるくらいならウクライナに和平の実現を促すべき」という意見が五五・三％だったという興味深い結果が示すのは、生活保守主義が（戦争に巻き込まれるかどうかではなくて）経済的不安と結びつくことで、停戦交渉を求める世論として表面化したという事実である。異なる結果が出た『日本経済新聞』の世論調査も、経済的不安に注目するという質問の土台は共有している。徹底抗戦を求める世論だけでなく、早期の和平や停戦を期待する世論もまた、戦後日本の平和主義との接点を失いつつあるのかもしれない。では、私たちは何を得て何を失ったのだろうか。

一言で述べるならば、戦争体験に基づいて外交・安全保障を語るという土台を失い、パワー・エリートさながらに国家の視点に立って外交・安全保障を捉える見方が浸透するという「成果」を得たと言える。

エリート目線での世界把握

パワー・エリート目線で外交・安全保障を捉えるということ自体は、否定されるべきものではない。現実に存在する諸々のリスク要因にその都度対処しつつ、基本的にはアメリカの軍事力と歩調を合わせて東アジアにおける軍事的緊張をうまく管理するというのは、専門家たちの重要な仕事だろう。非専門家がその仕事に敬意を抱いたり合理性を感じ取ってその見方を身につけようとすることも、ある意味では自然なことである。

それとは別に考えてみたいのは、パワー・エリートの立場から外交・安全保障を捉える視線が、なぜこれほどまでに人びとのあいだに浸透したのかという問題である。ここでは二つのポイントを挙げておきたい。

第一に、繰り返しになるが、戦争体験に基づいた戦争への違和感や国家への不信感が薄れたことが挙げられる。体験に基づいた主観的立脚点が弱体化したとき、「戦争がない状態」への道筋をいかなる言葉で語ればよいのかを示してくれたのは、安全保障や国際政治の専門家たちだった。国家間の勢力関係を整理して論じるパワー・ポリティクス的な捉え方は、体験の有無に左右されない「客観的」かつ「合理的」な議論にみえるため、実感に基づく平和論よりも、情報に基づく安全保障論のほうが説得的に映るのは、やはりある意味では当然である。それが戦況の解説に過ぎない場合であっても、少なくとも「解説」としての体裁は整っているからである。これは裏を返せば、「平和」を戦争の否定形としてしか考えてこなかったということでもある。だから、戦争体験が薄くなると、「平和」の語りに、自らの〈生〉の思想を重ねる方法がわからないし、あえてそれをしたところで、周囲から浮いてしまうように感じる。しかし、安全保障は戦争体験がなくても語ることができる。微妙な差かもしれないが、決定的な差だろう。「戦争を知らない」こと自体は問題ではないし、戦争の否定形としての平和構築についてはある程度語ることができるけれど、「平和とは何なのかについて思考する方法について、どうも自信が持てない」ことが問題なのだと言ってもいいだろう。

体験に基づいた戦後平和論と情報に基づく安全保障論とを対比的に論じてきたが、両者に通底する論理構造もある。それは過去と未来の死者を「人質」にとっているという点だ。過去と未来の死者たちを、持論の補強材料として言説資源にしているという点である。具体的には、「攻められたらどうするんだ（日本人が死ぬのだぞ）！　戦争を起こさないための軍備増強だ」とか「第二次世界大戦でたくさんの民間人が死んだのだから、もう繰り返してはならない。これ以上の軍備は不要だ」というような論理構成を指す。

こうした議論は説得的にみえるが、それが見落としている点にもう少し注意を払ってもいいのかもしれない。それは、過去や未来だけではなく、いまこの世界で国家の名によって人が人を殺していることとの異常性である。以上が第一のポイントである。

第二のポイントは、このあとの第二章から第四章でも断続的に論じていくが、新自由主義の時代に顕著に表れた精神性である。有権者は外交・安全保障よりも経済問題を重視している、というような言い方を耳にすることがある。確かにそう見える場合もあるが、両者を対比的に捉えるだけでなく、その関係性にも留意すべきだろう。生活保守主義がコストを最小化して利益を最大化したいという新自由主義的方向へと変質したのだとすれば、「戦争と平和」の受け止め方もまた何らかの変化をこうむるだろう。この問題については、本書を通して考察することになるが、ここで強調しておきたいのは、新自由主義時代における政治と経済の指導者であるパワー・エリートたちの個性である。これは二〇〇〇年代前半の総理大臣・小泉純一郎《こいずみじゅんいちろう》以降に顕著に表れた傾向だが、政治指導者や経済的なリーダーが、ワイド・ショーやトーク・ショーに出演したり、出演しない場合でもメディア受けの良い議題の選択や語り口を得意としたりするという傾向がある。いつの時代にも弁舌に長《た》けた人物はいるが、その質が問題となる。彼ら・彼女らは「自分の言葉」を持つリーダーとみなされ、対立する相手に「旧態依然でみっともない」というようなイメージを付与することに長けていた。こうした言論活動は、主にテレビやインターネットなどを通して話題となり、場合によっては視聴者やユーザーがそれを再生産していく。たとえば言論を「論破」の場として捉えて楽しむ風潮などがある。「論破」というと論理的に聞こえるが、たいていの場合は言葉尻を捉えて別の議論に誘導する技術をみせられているという印象が強く、対話的理性とは異なるだろう。

忘却してはならない要素

安全保障環境の変化や戦争体験者の減少などにより、戦後日本の平和主義はほぼ有名無実化したが、完全にそうなったわけではない。日本のウクライナ支援は人道支援が基本であり、物的支援も殺傷能力のない「装備品」に留まる。一九七〇年代に確立した、いわゆる「武器輸出三原則」を踏襲するものであり、そこに戦後平和主義の「慣性」が働いていたと言える。二〇二二年の年末に閣議決定された安全保障関連三文書が「防衛装備移転の推進」を掲げたのを受けて、この原則が緩和されたのは記憶に新しいが、それでも被侵略国への支援については、防弾チョッキなどの武器ではない装備品に限られている。

弱体化したとは言え、平和主義が一定程度は残っているのだとして、民主主義国家が次の戦争を起こさないためのヒントを、戦後日本の平和主義から引き出すことは可能なのだろうか。おそらくは可能である。しかし、それは憲法九条によってではない。国家の決定によって人が人を殺さねばならない状況が生まれることに対する根本的な違和感によってである。そして、その違和感を、選挙のみならず、言論や社会運動や、もっと身近な日常レベルの他者との交流などの多様で民主主義的なルートを通して表明することを通してである（この点については本書の終章で改めて論じる）。過去の日本社会における九条への積極的・消極的支持は、たんに「お題目」を唱えていたのではなく、そうした違和感の表れだったと捉えるべきものだ。パワー・バランスや核抑止力や集団的安全保障による戦争の回避とは別に、あるいはそれと並行して、戦争への根本的違和感はもう少し強調されてもよいのではないだろうか。

　社会学者の日《ひ》高六郎《だかろくろう》は、一九九四年に発表された論考のなかで、戦後の自民党内閣には「最小限憲法にたいする一種の遠慮あるいは恐れがありました」と述べた。[10] 戦後の革新政党による日米安保体制反対や憲法改正反対の訴えが、世論に一定の影響力を持っていることを、自民党内閣はよく理解していたと言うのである。日高は続ける。「当時の革新政党は政権をとる可能性はありませんでしたが、その平和論は政府の『平和』政策へのある程度の歯止めになっていました。反対するだけの政党と悪口をいわれますが、現実には反対することである程度政治を動かしていたと言えます」。日高の言葉を筆者なりに言いかえれば、大衆の感覚だけでなく、議会政治レベルでも「ブレーキ」が機能していたということだ。速度や機動力を求めるには、高性能のエンジンやタイヤだけでなく、ブレーキが必須である。

　しかしながら、もはや、「革新政党」という言葉は完全に過去のものとなり、戦争体験に基づく反戦感情もまた失われて久しい。「平和の党」を自認してきた公明党は自民党と連携してながらく与党にあるが、その「平和」は相当に消極的な意味でしか残っていない。ただし、公明党が自民党の安全保障政策をどの程度まで受け入れるかというラインには、ほぼ有名無実化した日本の平和主義を示しているところがあるとも言える。その意味では公明党が掲げる「平和」は日本社会の生活保守主義的で消極的な平和意識をある部分で代表しているとは言えそうだ。

いずれにせよ、戦争に対する違和感を表明するための回路は、少なくとも議会政治レベルではやせ細っている。「戦争反対」を重要な旗印のひとつにする共産党のような政党もあるが、議会政治の重要なアクターとして機能しているかどうかは評価が分かれるところだろう。戦場での殺人や空襲による破壊などの血なまぐさい現実を皮膚感覚で知る戦争体験者がいなくなったあとの社会は、国家の決定で国民が死ぬことのリアリティやそれに関する想像力を別の方法で補わねばならない。これは裏を返せば、日本社会は、平和に対する態度決定を、ひたすら戦争体験者に頼ってきたということでもある。

ロシアの兵士とウクライナの兵士が血を流し、殺し合う姿は異様であり、その異様さの原因であるロシアを非難しても戦争は終わりそうにない。また、軍人ならば死んでもいいということにはならない。戦火から遠く離れた日本に住む私たちが基本的には徹底抗戦を支持している状況に対して、「人命尊重」という、あまりにも当然すぎて、どこか恥ずかしくさえある「常識」を、改めて提起せねばならない現状は、戦後が遠くなったということの表れである。

では、いつから「戦後が遠くなった」のだろう。「戦争と平和」をめぐる認識が、戦後のそれと、いつからどのように変わったのだろう。この謎を解くために、次章では一九八九年の冷戦終結にまで時計の針を戻してみたい。

【注】

1 「戦争を変えるAI、まるでゲーム 次々割り出す標的、悲惨さ増す前線」『朝日新聞デジタル』二〇二四年三月二四日。「ドローン・AI・『非正規』の戦争」の節における「パランティア・テクノロジーズ」に関する情報は、すべて同記事を参照した。
https://www.asahi.com/articles/ASS3S0H7DS3QULZU008.html?iref=comtop_7_01
【最終閲覧：二〇二四年三月二四日】

2 西谷修「思想と戦争 一〇 戦争の『民営化』」『トイビト』二〇二四年二月九日。
https://www.toibito.com/toibito/articles/%E6%88%A6%E4%BA%89%E3%81%AE%E6%B0%91%E5%96%B6%E5%8C%96
【最終閲覧：二〇二四年三月二〇日】

3 ウルリッヒ・ベック、鈴木直訳『〈私〉だけの神』岩波書店、二〇一一年、二八五頁。

4 西側諸国の核抑止力の正当化や、ロシアや中国に対する「圧力」の再確認とは別に、筆者は「広島ビジョン」に、まったく意義がなかったわけではないと考える。それは以下の二点が理由である。第一に、核兵器のない世界の実現に向けたコミットメントを放棄はしていないという消極的意義。

第二に、少なくない女性も含む市民が広島・長崎を訪問するプログラムづくりに言及しているという積極的意義である。

5 アマルティア・セン、東郷えりか訳『人間の安全保障』集英社、二〇〇六年、一一六頁。なお、パキスタンは正規軍の関与を否定していることを重視して、カルギル紛争は国家間の通常戦争とは明確に区別されるべきものだという斎藤剛の見解もある（「【研究ノート】カルギル紛争における『核の作用』に関する考察」『国際安全保障』第四四巻第三号）。

6 「ウクライナ支援『生活に悪影響生じても』七割　読者調査」『日本経済新聞』二〇二三年二月一九日。
https://www.nikkei.com/article/DGXZQOCA151P40V10C23A2000000/
【最終閲覧二〇二三年七月一〇日】

7 飯田健「ウクライナ支援に対する日本の有権者の支持」日本国際問題研究所『国際秩序の動揺と米国のグローバル・リーダーシップの行方』（令和四年度・米国研究会）二〇二三年三月二八日。
https://www.jiia.or.jp/pdf/research/R04_US/01-05.pdf
【最終閲覧二〇二三年七月一〇日】
なお、飯田は同調査結果について、アメリカに「見捨てられる恐怖」を持ち、民主主義の普遍性についての信念をも持ち、さらにはロシアの脅威を認識している有権者は、軍事的支援を含むより高度なウクライナ支援を支持する傾向があるとする。他方でアメリカが関与する紛争に「巻き込まれる恐怖」を持つ有権者ほど、軍事的支援を含むより高度なウクライナ支援を支持しないという傾向があると整理している。

8 「ロシア制裁『続行』六七％　国内経済に影響拡大でも　朝日新聞社世論調査」『朝日新聞』二〇二

二年三月二二日、一面。

9 「対露制裁『支持』八二％　本社全国世論調査結果」『読売新聞』朝刊、二〇二二年三月七日、八面。

10 日高六郎「平和意識と『平和』政策」『世界』一九九四年二月号、五九頁。

第二章　「第三の開国」と「第二の敗戦」

――一九八九年から二〇〇一年まで

ポスト冷戦期と「イデオロギーの終焉」

一九八九年は激動の年だった。一九八九年、ポーランド・ハンガリー・チェコスロバキア・ルーマニアが相次いで民主化した。六月に中国で天安門事件が起こり、一一月には東西対立を象徴する「ベルリンの壁」が崩壊した。そして一二月には米ソ首脳が冷戦の終結を宣言するに至った。米ソ冷戦について回った全面核戦争の危機は去り、「安全は恐怖によって丈夫な子供に育ち、生存と全滅は双子の兄弟となるだろう」というチャーチルの有名な言葉も、ついに過去のものになったかに見えた[11]。

こうして九〇年代は、ポスト冷戦の時代として幕を開ける。どのような時代だったのか、思想状況を概観しておきたい。結論から言えば、九〇年代は、次のふたつの理由で、現在の起点として位置づけることができる。第一に「イデオロギーの終焉」の強調、第二にグローバル化である。以下、ふたつの要素を確認しよう。

九〇年代には「イデオロギーの終焉」という言葉が多用された。この言葉は、主にアメリカの社会学者、ダニエル・ベルの著作『イデオロギーの終焉』（原著は一九六〇年、邦訳は六九年）を通して日本の知識人のあいだでよく知られており、七〇年代以降の日本の言論環境のなかでも「イデオロギーの終焉」という言葉は散見される。一九七〇年代当時の「イデオロギーの終焉」は、自由主義や社会主義などの従来型の思想が細分化されると同時に、民族主義や国際主義やエコロジーなどの多様な思想が影響力を増し、この世界と歴史を説明する方法があまりに多様化したという事態を指していた。[12] それとは異なる意味で、つまり社会主義の終わりという意味で、冷戦終結から九一年末のソ連解体は多くの人びとに「イデオロギーの終焉」という言葉を納得させたのだった。

九〇年代に広く意識された「イデオロギーの終焉」とは、正確に言うならば「大国間のイデオロギー対立の表面的な決着」と呼ぶべきものであって、アメリカの政治学者、フクヤマが「歴史の終わり」として提示したように、リベラルな民主主義が（社会主義に対する対抗的な価値ではなく）それしかないという世界の普遍的価値として認められたことを意味していた。オルタナティブの終焉（あるいは、「それよりはまし」というかたちで否定を前提として参照されるだけのオルタナティブ）と言い換えてよいだろう。

つまり、イデオロギー自体が「終わった」のではなく、リベラルな民主主義というイデオロギーの決定的な優勢が、冷戦の当事者国を中心に固定されたことを示すものと受け止められたのである（もちろん、中東に代表されるように、そうした理解の枠組みに当てはまらない国や地域もあり、それがリベラルな民主主義の躓きの石にもなるわけだが）。それでも「イデオロギーの終焉」が一定の説得力を持ったのは「イデオロギー＝左翼」という強固な図式が、ソ連

壊されたベルリンの壁。Ⓒ朝日新聞社

の崩壊によって「左翼の終わり」に短絡されたためだろう。

本書にとって重要なのは、リベラルな民主主義側が、グローバルな資本主義の推進者となるという傾向が、もはや押し止めようのないほどの勢いをもって進んだのが、ポスト冷戦期だということだ。国家が市場に強力に介入して平等を達成しようとした社会主義が「負けた」かのように受け止められることは、資本主義の「勝利」と完全に同義ではないのだが、とりわけ日本においてはバブルの「余熱」も作用してそう受け止められたために、もはや自由主義経済のグローバルな拡大に歯止めがかからなくなるのだった。

以上でみたように、「イデオロギーの終焉」は、ポスト冷戦期の社会と思想を規定するキーワードとなった。ここではイギリスの社会学者であるアンソニー・ギデンズの議論を例にとってみよう。ギデンズが、ポスト冷戦期の社会を見通すうえで、「左・右」や「保守・リベラル」の対立軸とは別の「第三の道」と呼ばれる方向性を提示したことはよく知られている。社会問題の根本原因を資本主義に見出すという「東側」的なマルクス主義的発想を退けつつ、旧来の「西側」的な社会民主主義に基づく福祉国家モデルを修正するような、市場システムと市民社会のより適切な関係を模索したのが、ギデンズの「第三の道」の議論だった。自由市場システムを導入せざるを得ないし、福祉国家的な「大きな政府」を復活させるわけにもいかないが、それによって不利益が生じる層には手厚いセーフティ・ネットを設けるし、コミュニティの役割を再評価するし、マイノリティへの社会的承認にも取り組んでいく――このような方向性は、ブレア政権下のイギリスで、クリントン政権下のアメリカで部分的に実現した。しかし、そこには「第三」と呼べるほどのオルタナティブ性は希薄であって、資本主義が少し表現を変えたという程度の変化に終わったと整理することもできる。

もっとも、ギデンズのような発想の萌芽は、八〇年代の日本にも確実に存在していた。その文化的な担い手としては山崎《やまざき》正和《まさかず》とその周辺の言論人たちを挙げることができる。この点は、九〇年代以降の日本の言論史を辿るうえでも有益だと思われるので、少しこだわってみたい。

山崎らが中心になって、サントリー文化財団が一九八六年七月に創刊した雑誌に『季刊アステイオン』がある。その創刊の言葉のなかには「都市らしさ（ΑΣΤΕΙΟΝ）とは、なまの感情の沸騰でもなく、硬直したイデオロギーの観念でもなく、その中間にあって、柔かくものを思い、心にかたちをあたえる想像力の働きをいう」と書かれている。ここにある脱イデオロギーの強調は、一九八〇年代にすでにポスト冷戦期の「イデオロギーの終焉」が部分的に予見されていたことを示しているだろう。九〇年代に影響力をもった言論人が『アステイオン』の執筆者だったことも付け加えておこう。本章に登場する北岡伸一《きたおかしんいち》や中谷巌《なかたにいわお》や竹中平蔵《たけなかへいぞう》の他、ダニエル・ベルも寄稿していた。また、山崎正和はダニエル・ベルの紹介者のひとりとしても知られる。

アメリカの社会学者であるダニエル・ベルの思想を検討した清水晋作《しみずしんさく》は、ベルとギデンズの思想的立場は異なると思われがちだが、実はその主張には重なる部分が多いと述べている[13]。山崎正和－ダニエル・ベル－ギデンズという三者の連関は異質に見えるかもしれないが、「イデオロギーの終焉」を強調し、リベラルな外見で資本主義に対する批判的問題意識を希薄化させる傾向を持つ言論が社会的影響力を持った九〇年代の状況をよく示していた。以上が、「イデオロギーの終焉」が強調されたということの意味である。

グローバル化の進展

次に、グローバル化について確認しよう。本書が言う九〇年代のグローバル化は、以下の三つの構成要素からなる。つまり、自衛官や自衛隊の海外派遣の問題（狭義の平和主義）、モノとヒトの移動の問題としての自由貿易や各種の規制緩和の問題（新自由主義）、自国の歴史・文化や人権に関わる人びととの価値観の問題（歴史認識）である。

自衛隊の海外派遣の問題と平和主義との関係はわかりやすい。本章で詳述するが、世界の平和構築にどのように貢献するのかを憲法の平和主義のなかで模索したり、憲法改正を提起したりする議論が、新たな次元に移行したのが九〇年代だった。

他方で、新自由主義の問題や歴史認識問題もまた、「平和の文化」に関わると言える。たとえば、国際的な自由貿易体制の枠組みに入るかどうかの選択は、国家間の外交問題に関連して貿易摩擦を緩和することもあれば、緊張の種となることもある。グローバル化した資本主義は、もはやたんなる経済システムというよりは、社会システムとでも呼ぶべき包括性を備えているが、そのもとでいっそう複雑化・不可視化された搾取の構造は貧困集団を固定しがちだし、グローバル化の反作用としてあらたな国民主義・国家主義も台頭する傾向が認められる。さらに、市場優位体制は従来の代議制民主主義だけでなく民主主義そのものを軽視する方向に作用しているようにみえる。

歴史認識問題についてはどうだろうか。グローバル化にともなう多文化主義や多様性を尊重するという機運は、反差別を掲げる人権問題を現代的なステージに押し上げたが、その反作用として、性別主義や人種主義の根深さを明らかにすることにもなった。根深さとは、差別を正当化するかのように何かと「起源」を持ち出すような言説の根深さであり、そうした言説自体が歴史的蓄積を持っているという根深さでもある。不幸なことに、性別主義や人種主義が陰に陽に跋扈《ばっこ》する現代の見慣れた風景もまた、九〇年代にその端緒があったと理解できる。これらは特定の社会内部のみならず、国家間・地域間の対立・紛争・戦争の遠因となり得るものであり、その意味で「平和の文化」に関わるものとして捉えたい。

さて、「イデオロギーの終焉」が強調され、グローバル化の波に直面していた一九九〇年代前半の日本社会は、これらの問題を興味深い言葉で捉えていた。それが「第三の開国」である。「開国」という言葉は、近代日本にとって外圧による大変革や近代化の始まりを意味する特別な言葉だった。ペリー来航を端緒とした「第一の開国」、第二次世界大戦での敗戦と占領による「第二の開国」。これらに続く大きな転換期として、言論人やマス・メディアは九〇年代前半を捉えていたのである。

「第三の開国」というアジェンダ

一九九四年一〇月、松本健一《まつもとけんいち》と石川好《いしかわよしみ》というふたりの評論家が『朝日新聞』紙上で「第三の開国」をテーマに対談をおこなった。ふたりの話題は多岐に及んだが、ここでは二人の主張を整理してみよう。

松本は、自衛隊とＰＫＯ（国連平和維持活動）の関係や自衛隊の規定がない憲法などを挙げて国内変革を訴えると同時に、選挙制度改革を挙げて国内変革は始まっていると述べる。そして、現在は変革が強いられている第三の「開国状況」だと主張した。[14] 松本の主張はグローバル時代の日本文化というさらに大きな問題へと結びつき、天皇が政治とも経済とも関係ない日本のローカルな文化であることを世界にアピールするためにも、皇室は京都に移るべきだと述べた。[15]

他方の石川も多様な論点を提出している。石川は次のように述べる。「第三の開国」の場所はアジアであり、そうだとすれば自衛隊と憲法九条の関係を新しい視点で議論しなければならない。そのためには国民投票もあり得るだろう。いずれにせよ、近代化以降の日本は、約一五〇年ほど、アジア的な歴史・文化の固有性に自らを開くのでも、米国的な普遍に自らを開くのでもなく、「モラトリアムを決め込んでいた」のだ。[16]

ここでふたりの議論を紹介したのは、両者の提案の当否を判断するためではなく、「第三の開国」というアジェンダが持つ包括性を確認するためである。冷戦崩壊とグローバル化を同じ文脈で語る問題構成の方法からすれば、戦後憲法に基づく「一国主義的」な平和主義、保護貿易、日本文化としての天皇などの多様な論点すべてが、変化を求められているということになる。松本と石川の議論は、「第三の開国」という議題が一定の説得力を有した一九九四年の言論状況をよく表していたとみなすことができる。もう一年あとであれば、阪神・淡路大震災やオウム真理教事件、戦後五〇年などを踏まえて、また別の議題が立てられていたのではないだろうか。

一九九四年の言論状況という点では、『読売新聞』が同年一一月に発表した憲法改正試案についても変化の兆しを見出すことができる。この試案は、侵略戦争の放棄を掲げつつ自衛隊の存在を憲法に書き込んだり、人格権・プライバシー権・環境権などの権利を書き込んだり、さらには天皇関係の諸条項を第二章に移すことを提案したりと、従来の伝統回帰型の改憲とは異なる姿勢を前面に出して、護憲派に対しても一定の訴求力があるものになっていた。憲法学者の奥平康弘《おくだいらやすひろ》は『読売新聞』の試案の新しさを評価したうえで、「基本的なねらい」は九条の改憲だと述べた（「「改憲」アングル」からみた「憲法五〇年」）。読売新聞社のねらいについてはわからないが、いずれにしたところで、政治学者の境家史郎《さかいやしろう》が九〇年代の改憲論の特徴について指摘した「改正論点の多様化」が進行していたと言えるだろう（『憲法と世論』）。改憲論議もまた、同時代の他の現象と同様に、新たな局面を迎えようとしていた。

そもそも「第三の開国」という言葉自体は、一九七〇年代の言論の場でも使用されていた。しかし、その文脈は大きく異なる。七〇年代の「第三の開国」は、文化的に欧米中心だった従来の海外交流を改め、アジア、アフリカ、ラテンアメリカ、中東との交流を重視すべきだという議論であり、直接的な背景としては人口問題や環境問題など地球規模での課題やアジアに対する戦争責任問題を受け止めるための認識作りを訴えることを目的とした議題設定という面があった。[17]「進歩的」とみなされがちな『朝日新聞』において、一九七〇年代に「第三の開国」という言葉が登場したのは当然だったのかもしれない。しかし、一九九〇年代前半の「第三の

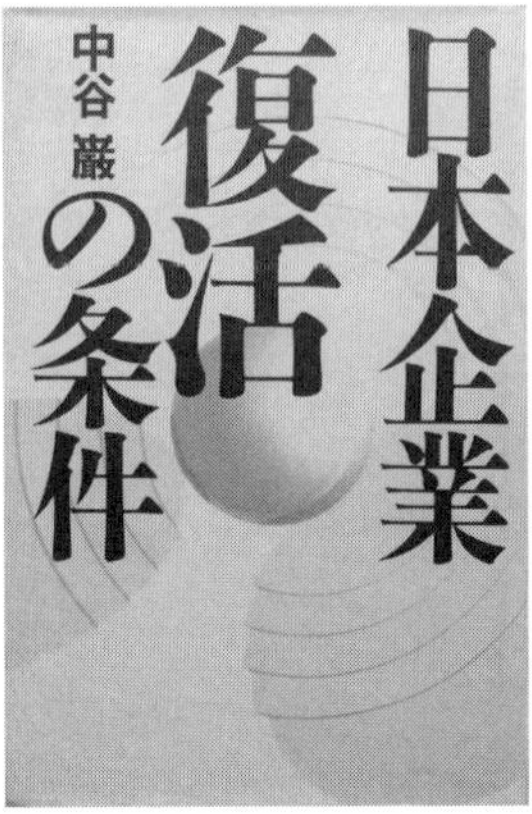

中谷巌著『日本企業　復活の条件』（東洋経済新報社、1993年）

開国」という言葉は、貿易自由化問題に始まり、ポスト冷戦期の憲法九条問題をも飲み込んでいくこととなった。

先鞭をつけたのは、経済学者・中谷巌の論考「責任国家・日本への選択」（『アステイオン』一九八七年、秋号）だった。中谷は「徹底的な市場開放を実行し、経済構造を内需中心型に改めるとともに、外国企業の参入も積極的に奨励するといった本格的な『開国政策』を推進すること」を説き、「『国際社会で生き延びるには、第三の開国という考え方を受け入れ、自ら積極的に構造改革を推進すること』、これ以外に日本の活路はない」と結論付けた。

中谷は九〇年代になると、『日本企業　復活の条件』（東洋経済新報社、一九九三年）などで日本企業の体質をより踏み込んで批判するようになる。農業・流通・建設金融・公共事業などが国家に守られていた時代は終わったのであり、それらの産業に競争原理を導入すべきだという主張で、リスクを取って挑戦する経営が理想的だとされた。中谷の提言は、一九八〇年代末から一貫しているが、九〇年代にはより深い注目を集めた。中谷に限らず新自由主義的改革の提唱者たちにとって、一九九一年初頭に表面化したバブル経済の崩壊は結果的として「追い風」だったと言えるかもしれない。バブル崩壊直後にも、「日本的経営（終身雇用、年功序列型賃金、企業内組合）」や民間企業の株式持ち合いが注目され、その背景にあるとされた日本の集団主義を称揚したり擁護したりする議論が依然として存在していたが、それだけに、経営に関わる「日本的なもの」を否定する議論が斬新にみえた。そして、日本社会の多様な集団が、新自由主義的改革のほうに説得力を見出していくのだった。

日本的経営を根本的に批判する発想は、一九九五年五月に日経連がとりまとめた提言「新時代の『日本的経営』」や、一九九八年に小渕恵三《おぶちけいぞう》内閣のもとで発足した「経済戦略会議」などにも継承され、九〇年代を通して影響力を持ち続ける。中谷が「経済戦略会議」の委員に選ばれ、中心的な役割を担ったのも、当然だったと言えるだろう。「経済戦略会議」については後述するとして、九〇年代初頭の政治レベルでの「第三の開国」論として、国連への協力と自衛隊の活動範囲をめぐる議論を確認しよう。

平和主義の「自由化」「グローバル化」

激動の一九八九年以降、ソ連は弱体化の一途を辿った。バルト三国のソ連からの独立を経て、ついに一九九一年末にはソ連の解体が宣言されるに至る。程度の差はあれど社会主義国家を目標とした政治勢力とその支持者たちの存在感は長期的にみれば低落傾向にあったと言えるが、ソ連の崩壊はその傾向にとどめを刺した。

左派の存在感の長期的な低落傾向について言えば、いわゆる「革新」勢力のパワーはすでに一九八〇年代には限定的だったが、それでも、市民運動などともゆるやかに歩調を合わせながら、一定の存在感を放ってはいた。ただし、これは重要なことだが、一九八〇年代の「革新」勢力は、社会主義国家建設という目標によって存在意義を示したわけではなかった。むしろ、「革新」勢力の存在は、あるときには平和運動や護憲運動や労働運動や住民運動などを通して、またあるときには自民党に対抗し得る対抗勢力が必要だという期待を通して、辛うじて人びとの支持を取り付けていたと理解できる。

さて、冷戦終結後の国際社会にとって、最初の問題は湾岸危機だった。一九九〇年八月、イラクの大統領サダム・フセインは、クウェートへの侵攻を開始し、国際世論は一斉にイラクを非難した。湾岸戦争に関する国連安全保障理事会は、米ソの対立もなく、経済制裁に加え、一九九一年一月一五日までにイラク軍が撤退しない場合には、多国籍軍による武力行使に踏み切ると決議した。

このような状況下で、日本政府はアメリカから多国籍軍を後方支援するよう要請を受ける。日本は、一九五六年に国連に加入して以来、国連主義を掲げてきたこともあり、国連安保理が認めた多国籍軍への後方支援の在り方をめぐる議論が噴出するのは当然だった。日本政府は自衛隊の海外派遣案を盛り込んだ「国連平和協力法案」を一九九〇年一〇月に国会に提出した。自衛官を含む公務員などにより平和協力隊を構成し、武力行使を伴わないかたちでの国連平和維持活動（PKO）への協力を可能にする枠組み作りが模索されたのである。

しかし、自衛官の海外派遣案に対しては野党だけでなく自民党内の長老議員からも違和感が表明された。戦後日本の安全保障政策に抵触するおそれがあること、中国や韓国などの近隣諸国の反発を招くおそれがあることが主な理由だった。海部《かいふ》俊樹《としき》首相も慎重な姿勢だったが、小《お》沢一郎《ざわいちろう》をはじめとする党内の積極派に押し切られるかたちで、法案が提出されることになったのである。しかしながら、公明党が自衛官の海外派遣は非武装であっても認められないと最後まで賛成せず、九〇年一一月八日に国連平和協力法案は廃案となった。

政治学者の田所昌幸《たどころまさゆき》は冷戦下の日本の平和主義を論じるなかで、次のように指摘している。冷戦下は「米ソ対立によって国連の集団安全保障機能が全般的に麻痺した状態にあったので、日本の『平和主義』的立場と国際協力の理念との矛盾は表面化しなかった」という指摘である。[18] しかしながら、冷戦の一応の終結によって国連による集団安全保障がある程度機能するようになると、「日本の『平和主義』は、単に国際紛争やそれに伴う不確実性から身をかわそうとする手前勝手な孤立主義にしか見えなくなってしまった」と田所は言う。国連平和協力法案の廃案は、諸外国の目には経済大国の「孤立主義」として映った可能性は高い。

国連平和協力法案は廃案になったが、国際貢献をめぐる議論が終わったわけではない。廃案

1990年、第119回通常国会、衆議院国連平和協力特別委員会。
Ⓒ朝日新聞社

にあたっては、自民、公明、民社の三党が以下のような合意を取り交わしていたからである。その合意とは、人道支援や災害救助を通して国連の平和維持活動に協力するための組織を、自衛隊とは別に作るという方向で法案を作り直そうというものだった。[19] 中東での日本の国際貢献のあり方をめぐる議論は、ここからより本格的に開始される。

なお、ながらく仮想敵国だったソ連の解体から、北朝鮮の核開発疑惑や中国の軍事的拡大までの狭間にあたるこの時期には、東アジアにおける安全保障上の「リスク」は相対的に低下していたと言える。そうした背景があったからこそ、軍事を含めた日本の国際貢献のあり方をめぐる議論が深められた側面も見落とすことはできないだろう。

PKO協力法案に対する社会の評価

一九九一年一月一七日、アメリカを中心とした多国籍軍がイラクへの攻撃を開始した。これをもって、いわゆる湾岸戦争が始まる。約一カ月後の二月二八日には事実上停戦し、四月三日にイラクが国連安保理決議を受け入れることで正式に戦争は終わった。日本では、戦闘が終わったあとの「貢献」として掃海艇の派遣をめぐる議論が起こった。公海上での掃海作業は現行法の範囲内で実施可能であるため、法案を作って国会を通す必要はなかった。こうして、海部首相は四月二四日に掃海艇の派遣を閣議決定する。

この間、議論をリードしたのが小沢一郎だった。小沢はすでに自民党幹事長時代の一九九〇年から、「平和、自由、豊かさのために物心両面においてコストを負担し代償を払っていかなければならない」と述べ、中東湾岸危機に対し日本が国連協力の枠内で積極的に協力する必要性を訴えていた。[20] 小沢はまた、自民党内の「国際社会における日本の役割に関する特別調査会」の会長に就き、一九九一年一二月に、国連を中心とした「国際的安全保障システム」の概念を明確に示したうえで、「国連軍」に自衛隊も含め積極的に参加する方向を打ち出していた。[21]

当時、小沢一郎のブレーン的な役割を担っていた政治学者の北岡伸一らもまた、世界の平和維持に協力するために、日本の役割を見直すべきだと提言していた。

当時の小沢の提言をまとめたのが『日本改造計画』（講談社、一九九三年）である。この本の主張の要諦は、小選挙区の導入によって民主主義的に権力を集中することで現実の変化により適切に対応できるという政治システムの改革論にあると言えるが、ここでは平和主義と関係する論点を抽出して整理しておこう。いまや大国となった日本は、「普通の国」としての責任ある国際貢献の体制を作る必要があり、そのためには国連中心主義の再構築が必要だと小沢は述べる。具体的には、国連待機軍を創設して国連の要請があれば国連の指揮下で活動できるようにするべきだ（あるいは自衛隊の一部を国連待機軍として国連の管轄下に置くべきだ）と提案していた。「軍」という語が使われているように、武力行使も否定せず、国際平和への貢献を説いたのである。小沢の大胆な提言は耳目を集めるだけでなく、論壇でも小沢への期待が語られた。

しかし、当時の日本政府としては、国連との協力体制について、差し当たっては日本国憲法の平和主義の枠組みのなかで、できる限りの法的枠組みを整える方向で調整を進めることとなった。一九九一年九月には、ＰＫＯへの参加と人道的な国際救援活動を可能にするために、いわゆる「ＰＫＯ協力法案」が臨時国会に提出される。国連平和維持活動（ＰＫＯ）とは、国連による一連の紛争調停活動を指す。停戦や軍の撤退の監視だけでなく、兵士の社会復帰といった人道支援、あるいは治安部門の改革や民主的な政治プロセスの支援などの多分野での活動を行うものだ。強硬な反対姿勢を崩さなかった社会党は、牛歩戦術や議員辞職願の集団提出などの「戦術」を採って採決を遅らせるとともに、国民に対してのアピールを続けたが、法案は九二年六月に成立する。

その直後の七月に行われた参院選では、自民党が勝利する。改選定数一二六議席のうち、自民党は六九議席を獲得したが、社会党は二二議席にとどまった。あれほどまでにPKO協力法案に反対した社会党が、法案成立直後の選挙で議席を減らしたのは、戦後日本の平和主義の変化を如実に示していた。その変化の内実を別の角度から考察するために、あるアニメーション映画とその受け止められ方に注目してみたい。

宮﨑駿『紅の豚』

「国際平和協力法案」が国会で成立してから約一カ月後の一九九二年七月、宮﨑駿監督の映画『紅の豚』が公開された。この作品は、アニメーション技術も物語の構成も非常に高い水準にあると言えるが、従来のアニメーションに盛り込むことができなかった平和主義の困難を問題化し、劇的構成のなかに落とし込んだ稀有な作品でもある。どういうことか。この作品については、拙著『戦後民主主義』（中央公論新社、二〇二一年）のなかでも紹介したことがあるが、なるべく重複を避けて説明してみたい。

作品の舞台は第一次世界大戦後のイタリア。世界恐慌を経てファシズムの影が忍び寄る時代である。主人公はポルコと呼ばれるブタの姿をした賞金稼ぎの飛行機乗りである。彼は、世界大戦に戦闘機のパイロットとして従軍したが、ある戦闘で戦友たちを失い、自分だけが生き残った経験を持つ。その後、彼は「国家とか民族とか、くだらないスポンサーを背負って飛ぶ」ことを拒否することを決める。そのためには、国民や民族の一員であることをやめなければならない。こうして、彼は人間をやめ、姿かたちをブタにして、孤島に一人で暮らしている。賞金稼ぎとして生計を立てているが、彼は人を殺さない。彼はいつも敵機のエンジンを狙い、人命を奪わずに目標を達成するのである。映画は、美しいアドリア海を背景に、この主人公と多様な登場人物たちとの交流を描いている。

では、なぜこの作品が重要なのか。戦後日本の平和主義が理想と現実とのあいだで奇妙にねじれる様子を、見事に浮き彫りにして作品化しているからである。『紅の豚』に表れる思想としての平和主義については、すでに大塚英志《おおつかえいじ》による読解がある（「『紅の豚』解題」『ジブリの教科書7　紅の豚』文藝春秋、二〇一四年）。大塚が注目したのは以下のような場面である。若い女性の設計士・フィオがポルコの飛行艇に同乗しようとする際、ポルコはふたりぶんのスペースがないとして同乗を拒むが、フィオは一台の機関銃を外してそこに乗り込んでしまう。ここには、女性原理の導入による平和主義の萌芽があると大塚は述べる。さらに大塚は、ポルコが立てこもる孤島の構造に注目して、子宮回帰願望のあからさまな形象だと指摘する。ポルコを守るように円状に岸壁がそそり立ち、ポルコの飛行艇の出入り口はひとつしかないのだ。

子宮回帰願望は、言い方は異なるが評論家の佐藤健志《さとうけんじ》も指摘していた問題である。佐藤の場合は、世界に背を向けて生きる主人公ポルコを評して「まともな人間関係も持てず、女たちに支えられて『遊び』に熱中する幼児的な男」であり、その姿は戦後民主主義的だと述べていた。[22]

『紅の豚』劇中シーン。Ⓒスタジオジブリ

以上のような大塚と佐藤の指摘を踏まえて、筆者なりに『紅の豚』の思想的意義を取り出すと、次のようになる。確かにポルコの姿には、戦後日本に広く浅く共有された平和主義と重なる部分がある。まず、国家のために戦うのをやめた元兵士というポルコの設定がそうである。「国家とか民族とか、くだらないスポンサーを背負って飛ぶ（戦う）」世界からは降りたいという心情は、佐藤のような評論家にすれば「幼児的」だし、確かに「子宮回帰」的と言えるところもあるだろう。ただし、ポルコは実際には賞金稼ぎとして物理的暴力を行使する存在でもある。人命を奪わないように敵の飛空艇を機能不全にすることを目指して空中で機関銃を撃つ。

その姿には、同時代の日本でさまざまに展開された平和協力や国際貢献のあり方をめぐる議論と明確に重なる部分がある。ポルコは武装しているが、それは自ら人を殺めるためではない。自分以外のいかなる圧力にも屈することなく、我が道を行くというポルコの姿は、ある程度まで戦後日本の平和主義を体現している。佐藤による「戦後民主主義的」との指摘自体は、正鵠《せいこく》を得ていたと言うべきだろう。ポルコは、観客に向けて、自分たちの身近なところにある平和の力（たとえば大塚が指摘したフィオによるささやかな武装解除だけでなく、映画冒頭の子どもたちによる休戦）を見つめ直してはどうか――そう語りかけているようでもある。また、『紅の豚』を好んだ多くの観客たちの心性は、次のような意味で、PKOを是認した日本社会の心性と矛盾しないとも考えられる。まず、前提としては自衛隊の存在は日常生活と切り離されている（ポルコは普通の市民とは異なる）。そのうえで、侵略や戦闘のためではないならば自衛隊が海外に出るのもむしろ「日本的」な国際貢献だろう、と受け止めるのである（ポルコは賞金稼ぎだが、平和維持のために活動しているようにも見える）。社会党や共産党はPKOを戦争に近づくものとして反対したが、多くの国民は戦後日本の平和主義の枠内にじゅうぶんとどまるものだと判断したのではないだろうか。

もちろん、宮崎駿は上記のようなことを主張するために『紅の豚』を作ったわけではないだろう。それでも、ここには、宮崎駿というアニメーション作家を通して表現された戦後日本の平和主義の、微妙だが重要な変化があるとみなすことができる。

細川護熙のリベラリズム

政治レベルで一九九〇年代前半の時代精神をもっともよく体現したと考えられる集団のひとつに日本新党がある。日本新党とは、熊本県知事を二期務めた経験を持つ細川護熙《ほそかわもりひろ》が、一九九二年五月に立ち上げた政党である。細川は熊本県知事時代の一九九一年に、出雲市長の岩國哲人《いわくにてつんど》とともに『鄙《ひな》の論理』（光文社）を上梓し、地方から国を変えると訴えて話題になっていた。細川はまた、臨時行政改革推進審議会（第三次行革審）の「豊かなくらし」部会の部会長も務めており、豊かな社会として「ヒューマニティ社会」を提唱して耳目を集めていた。その細川は、まず『文藝春秋』一九九二年六月号（発売は五月）に「「自由社会連合」結党宣言」を発表して新党結成と党首就任をアピールし、その直後の記者会見で党名を「日本新党」に定めた。

彼の主張は、地方分権に加え、選挙制度改革、コメの部分自由化、防衛費のGNP比一％枠の厳守などだったが、政策と同様に国政については「アマチュア」だった細川の清新なイメージもまた注目された。日本新党は、同年七月に迎えた参院選で四議席を獲得。これは自民党、社会党、公明党に次ぐものだった。九二年一二月には、一九七〇年代から長らく自民党のブレーンを務めてきた香山健一《こうやまけんいち》らを代表発起人にしてシンクタンク「日本新政策研究センター」を立ち上げ、中谷巌らを迎えている（『朝日新聞』一九九三年八月六日）。

九〇年代前半の政界を語る際には小沢一郎を主軸に置くのが定石となっている。確かに自民党を離脱して細川護煕を担ぎ上げ、さらには新進党を結成したという小沢のフィクサーぶりをみれば、小沢を主軸に置く見方は自然である。ただし、小沢以外にも、九〇年代初頭の日本政治の磁場においてキーパーソンとなった政治家は多い。たとえば新党さきがけを結成した竹村《たけむら》正義《まさよし》・鳩山由紀夫《はとやまゆきお》、九二年に政策集団「平成維新の会」を立ち上げた評論家の大前研一《おおまえけんいち》、同年に政策集団シリウスを立ち上げた江田五月《えださつき》らである。

これらの人物のなかで、相対的にリベラルかつ一時的とは言え政治的実権を握った細川護煕に注目してみたい。細川の人気は、そのクリーンなイメージにもあった。リクルート事件が発覚した一九八〇年代末から自民党への不信感は高まり、一九九二年には自民党内の最大派閥・竹下派の会長だった金丸信《かねまるしん》が五億円の裏金を受け取っていたことが明らかになった。相次ぐ汚職は、有権者のあいだに自民党への失望と新党・新政策集団への期待を膨らませ、それらは政治システムの根本的な改革を求める動きとして表面化する。その結果、一九九〇年代の短期間のうちに、選挙制度改革・内閣機能強化・省庁再編・地方分権改革・司法制度改革などの一連の改革が進んだ。政治学者の待鳥聡史《まちどりさとし》が言うところの「政治改革の時代」である（『政治改革再考』）よりマクロな視座に立てば、政治学者の牧原出《まきはらいづる》が「一九九〇年代型改革」として整理したように、グローバル化への適応が既存の組織を解体する方向に作用した結果だったとも理解できる（『権力移行』）。

一九九三年七月の衆院選では日本新党、新生党、新党さきがけなどが躍進し、自民党は単独過半数を割り込んで、政権の座を手放すことになる。その結果、非自民・非共産の八政党が連合して細川政権が誕生した。細川新政権に政治改革が求められたのは、自民党議員の相次ぐ汚職という経緯を踏まえれば当然だった。細川政権は、ながらく実現が期待されていた小選挙区制と政党助成金制度の導入を成し遂げる。これらはコメ市場の部分的自由化とならんで、細川内閣の数少ない業績となったが、細川は自身のスキャンダルによって、わずか九カ月で政権を投げ出してしまうのだった。

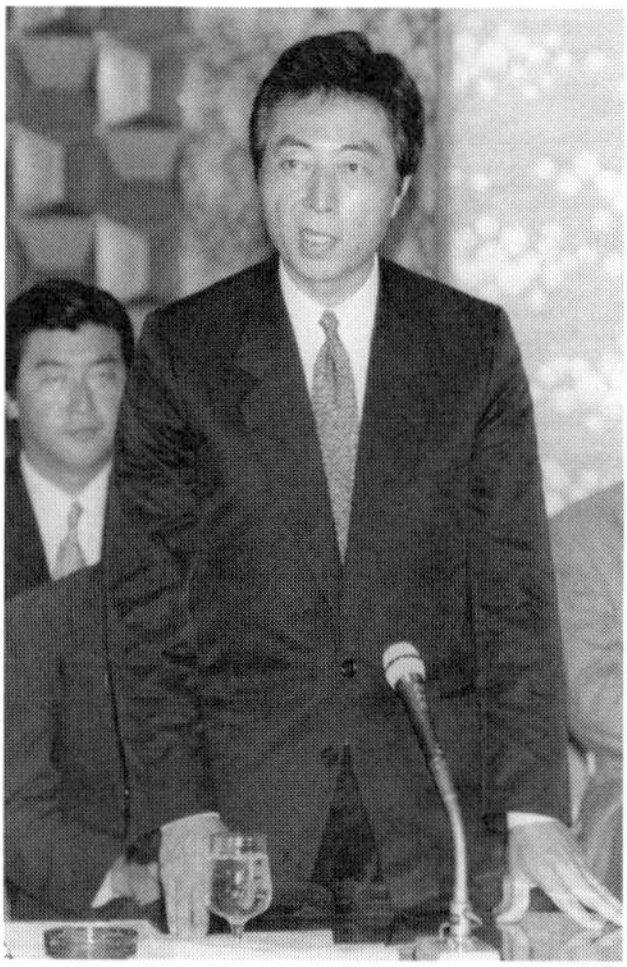
細川護熙日本新党代表、非自民８党派の統一候補に決まりあいさつ。Ⓒ朝日新聞社

九〇年代前半の政治レベルでの時代精神をみるために細川護熙と日本新党に注目する理由は、日本版の「第三の道」の政策をもっともわかりやすく提示していたと考えられるからである。細川が編者となって一九九三年四月に出版された『日本新党　責任ある変革』（東洋経済新報社）を手がかりにして、彼らの主張を

細川護熙編『日本新党　責任ある変革』（東洋経済新報社、1993年）

確認してみたい。なお、この本は小沢一郎の『日本改造計画』とほぼ同時期（小沢の本は九三年五月）に発表されている。細川もまた、小沢と同様、改革構想を書籍のかたちで世に問うことのできる影響力のある政治家だったと言えるだろう。

　同時代の日本新党の基本的な考え方を説明したこの本のなかでは、「第三の開国」は日本がとるべき「最善の道」だとされた。過去二回の開国と異なり、今回の開国は自立・自力で「日本社会が持つパワーを地球規模で活かし、国際社会の中に参加していくべきである」と主張された[23]。具体的には、市場の自由化、平和貢献部隊の創設などを挙げている。

　すでに、牛肉やオレンジなど他の農産品が外国に門戸を開いていたが、コメだけは「一粒たりとも入れるな」という農家と関連団体の強い反対があり、国の管理下に守られていた。世論も概ねそれを追認したために、自由化に踏み切れなかった。日本にとってコメはいわば、イデオロギーと結びついて一種の「聖域」となっていたのである。それは、外からみれば、日本市場の閉鎖性を代表するものでもあった。日米関係について言えば、湾岸戦争の際に自衛隊を派遣しなかったこととも絡んで、日本市場の閉鎖性は日本そのものの閉鎖性という問題系へとスライドしていった。コメの自由化交渉は長らく続いていたが、結局、一九九三年の日米での政権交代を経て、細川護熙首相とクリントン大統領とのあいだで、日本のコメ市場の部分的自由化が決まった。

「護憲的改憲」と平和構想

次に日本新党が体現した平和主義について確認しよう。日本新党は、「受け身の平和」から「活動する平和主義」への転換を掲げていた。[24]戦後日本の「軽武装」を高く評価しつつも、国連平和維持活動には参加すべきだという主張である。ただし、ＰＫＯに自衛隊を派遣するのではなく、「ＰＫＯ協力のための専門組織隊」や、国連憲章に則った国際平和のための「国連平和協力隊」を新設するとしていた。[25]さらに、国連中心の国際的安全保障体制に貢献するために憲法を改訂するという「護憲」的な改憲も掲げた。これは、小沢一郎の『日本改造計画』と基本的姿勢においては大きく変わるものではなかった。

国際平和への協力のあり方をめぐる構想は、すでに確認した小沢一郎らの構想だけでなく、さまざまなニュアンスの違いはあれど、同時代の論壇で多様に議論されてもいた。たとえば、政治学者の坂本義和《さかもとよしかず》は、一九九三年四月に『朝日新聞』紙上で次のように提唱していた。民族的・人種主義的な対立がＰＫＯの介入を必要とするほどにまで悪化するのはいわゆる「発展途上国」や後発地域がほとんどである。これは、貧困や不公正な政治によって、自力での紛争調停や復興が困難だからである。しかし、国連のＰＫＯは表面的な秩序回復という対症療法以上ではありえない。そうであるならば、たんなる平和「維持」ではなく、社会構造の改革をも含んだ平和「構築」が課題となる。国連にその余力がないならば、日本はそこで積極的な役割を果たすべきであり、そのためには自衛隊ではなく、非軍事的な別組織が必要ではないか――。坂本の提言は、日本政府に対しては青年海外協力隊を拡充して国連の平和構築活動に参加できる人材の養成を始めること、そして国連に対しては国連直轄の本格的な平和部隊の創設を提唱することを求めるものだった[26]。このように、九〇年代初頭には、多様な国際貢献のあり方が提起されていたのであり、日本新党が掲げた「護憲的改憲」も、そうした機運のなかの一潮流だった。

しかしながら、憲法九条が変わることはなかった。その他にも政治課題が山積していたし、社会的な気運という意味では九五年のオウム真理教事件や阪神・淡路大震災によって憲法に関する国民的議論が深まる環境にはなかったということも原因だろう。加えて考察しておきたいのは、憲法の「懐の深さ」である。「懐の深さ」と比喩的に書いたが、これはどういうことか。

湾岸危機から湾岸戦争にかけての経緯は、ポスト冷戦期における国連の優位を広く知らしめたと言えるが、皮肉な言い方をするならば、国連をうまく利用して世界戦略を優位に進めようとしたアメリカの企図が結実したものでもあった。そう考えるならば、憲法の平和主義の意義もまた別様に評価可能となる。つまり、アメリカの要請をその都度日本流に翻訳して、調整したり受け流したりするために必要な主体性を確保するために、むしろ憲法九条は有用なツールであるという評価である。このような評価が可能だとすれば、憲法を変えずにきた戦後日本社会は、結果としてドライかつ功利主義的に憲法を「利用」してきたとも言えるだろう。

さて、細川政権は、日本の平和主義に関係する重要な「遺産」を残した。それは、細川首相の私的諮問機関として一九九四年二月に発足した「防衛問題懇談会」とその報告書である。ジャーナリスト・政治学者の北井邦亮《きたいくにあき》は、九四年八月に提出された「防衛問題懇談会」の報告書が、「多角的安全保障」という概念を立てて、「ＰＫＯへの積極的参加や実効性を伴う軍備管理体制の確立、地域レベルの多国間対話の推進」を掲げたことについて「国連の枠組みと多国間協調を基盤とした、国際主義の結晶のような構想」だったと指摘している。[27]本書の視座から評価するならば、国連への期待と多国間協調には、戦後の革新陣営による平和主義の残響がある（たとえば社会党が掲げた全方位外交）。「防衛問題懇談会」に、どれほど細川護煕が肩入れしていたのかは不明確だが、こうした提言が首相の私的諮問機関から発表されたところに、ポスト冷戦期における戦後の慣性を見出すことも可能だろう。

新自由主義的改革の胎動

細川政権はまた、「新自由主義的」と呼びうる諸改革を進めることにも注力した[28]。首相の諮問機関として「経済改革研究会」を設置したが、そこには前述の中谷巌らも参加している。この研究会は、聖域のない規制緩和を主張し、福祉・教育・労働・金融の「自由化」を進めるべきだと意思表示していた。

これらの提言は、細川政権が短命に終わったために結実しなかったが、提言に込められた改革思想は橋本龍太郎《はしもとりゅうたろう》政権に引きつがれたとみることができる。一九九六年に、労働者派遣法が改正され派遣労働の対象業種が拡大された。この労働者派遣法は、一九九九年に再び改正され、指定業種以外でも原則自由に派遣労働が可能になった。さらに橋本政権下に設置された「行政改革会議」は、その中間報告書で郵政三事業のうち郵便貯金と簡易保険の民営化を提言していた。労働者派遣法の改正と行政改革会議の中間報告書は、本格的な新自由主義の時代を準備した九〇年代を象徴するものだったと言えるだろう。

宮澤喜一《みやざわきいち》内閣を最後に自民党は下野し、その後、社会党議員の一部と自民党議員の一部、そして自民党を割って出た議員が結党した「新党さきがけ」が連携し、「自・社・さ」政権を形成した。首相に就いたのは、社会党委員長の村山富市《むらやまとみいち》だった。村山の首相就任は、社会党の「終わりの始まり」だったと理解することができる。そう理解できる理由は複数あるが、ここでは「非武装中立論」の放棄を重視する。[29]

村山首相は、一九九四年七月二〇日の衆院本会議で「専守防衛に徹し自衛のための必要最小限度の実力組織である自衛隊は、憲法のみとめるものであると認識する」と答弁した。また、日米安保条約を「日米協力関係の政治的基盤であり、アジア・太平洋地域の平和と繁栄に不可欠」だと述べた。憲法を文字通り受け止めた「非武装中立論」は、現実政治における選択肢としての役割を事実上は終えたと言える。

この頃から、革新という言葉は過去のものとなり、代わってリベラルという言葉が多用されるようになった。「保守と革新」から「保守とリベラル」への対立軸の変動である。政治学者の宇野《うの》重規《しげき》は『日本の保守とリベラル』（中央公論新社、二〇二三年）のなかで、保守的な共和党とリベラルな民主党という現代アメリカにおいて定着している区別が、日本の議論に導入されるようになったと指摘する。言い換えれば、外交・安全保障が政治勢力の主要な対立軸にはならない時代が到来したのである。

「リベラル」外交の系譜

ここまで、狭義の平和主義に注目して九〇年代前半を振り返ってきたが、以下からは、より広範な「平和の文化」としての歴史認識問題に注目して、九〇年代の日本社会の変化を整理していく。日本は西欧に比べると後発の帝国主義国だったが、西欧近代の諸システムと価値をアジアにおいて先駆けて取り入れた。その負の側面のひとつが、韓国・台湾の植民地支配だった。また、中国に対しては侵略的戦争を仕掛けたという過去があった。

戦後、韓国とのあいだには一九六五年に日韓基本条約を締結したが、それに至る交渉過程では、過去の植民地支配については基本的には低姿勢で臨んだ。もっとも、この条約は、植民地支配に関する請求権問題は解決されたとする内容であり、それがのちに火種のひとつとなる。のちにと言うのは、軍事政権下の韓国では反日感情が表面化して外交問題化することはほとんどなかったからである。日韓の歴史認識問題が表面化するのは、韓国の民主化と経済発展が本格化する一九八七年以降である。

中国とのあいだには一九七二年九月の日中国交正常化の際に発表された日中共同声明で過去の「責任を痛感し、深く反省する」という文言があったし、一九七九年に改革開放を掲げてからの中国の指導者たちも、基本的には日本との友好姿勢を保った。大衆の感情レベルや国内行政のレベルでは差別的と言える態度が表面化することもあったが、少なくとも外交レベルにおいては、基本的には親善関係の構築に成功していたと評価していいだろう。

こうした流れは一九九〇年代前半の日本外交にも引き継がれた。まずは韓国との関係をみてみよう。一九九〇年五月に国賓として来日した韓国の盧泰愚《ノテウ》大統領に対し、海部俊樹首相は「過去の一時期、朝鮮半島の方々が、わが国の行為により、耐えがたい苦しみと悲しみを体験されたことについて、謙虚に反省し、率直におわびの気持ちを申し述べたい」と伝えた。盧泰愚は五月二五日に、韓国大統領としては初めてとなる国会演説をおこない、日韓関係の「包括的な善隣友好の時代への移行」を強調し、「両国民の真実に基づく理解と友好」を求めた。[30] 他方で、海部政権下の一九九一年夏には、元「慰安婦」の金学順《キムハクスン》が被害の補償を要求する裁判を起こした。これを契機に、日本政府も調査に乗り出すことになる。

海部の次の総理大臣・宮澤喜一は、首相としての初の外遊先に韓国を選び、一九九二年一月にソウルを訪問した。このとき、戦争加害者としての日本の立場を確認し、反省とお詫びを表明するなど、海部政権の態度を踏襲した。九二年八月には、中国と韓国の国交正常化が実現し、東アジアは新時代を迎える。

新時代の東アジアを広く印象付けるひとつの出来事が、九二年一〇月の天皇の訪中だった。天皇は晩餐会の席上で、「わが国が中国国民に対し多大の苦難を与えた不幸な一時期がありま

朝日新聞
訪中 天皇「お言葉」
我が国が中国国民に対し多大の苦難与えた
これは私の深く悲しみとするところ
国民は戦後「深い反省」
中国国民は大きな災難被った
山一など21社赤

天皇の訪中を伝える記事。『朝日新聞』1992年10月24日

した。これは私の深く悲しみとするところであります」と述べ、日中和解の機運は上昇した。[31]

これらの動きの延長上にあるものとして、「河野談話」や「不戦決議」や「村山談話」があったとみるべきだろう。九三年八月四日には、宮澤内閣の官房長官・河野洋平によるいわゆる「河野談話」が発表され、「慰安婦」制度に軍の関与があったことを認めた。一九九三年八月二三日には、新たに首相に就いた細川護熙が所信表明演説で「過去の我が国の侵略行為や植民地支配などが多くの人々に耐えがたい苦しみと悲しみをもたらしたことに、改めて深い反省とおわびの気持ちを申し述べる」として「侵略」の語を使った。そして、村山富市政権では、「不戦決議」が実現し、「村山談話」が発表された。

「不戦決議」から確認しよう。一九九五年六月九日、衆院で「歴史を教訓に平和への決意を新たにする決議」が可決された。これがいわゆる「不戦決議」である。決議文には「我が国が過去に行ったこうした行為や他国民とくにアジアの諸国民に与えた苦痛を認識し、深い反省の念を表明する」とあった。

この「不戦決議」の延長上に、いわゆる「村山談話」がある。一九九五年八月一五日に発表された「村山談話」は次のように述べる。

わが国は、遠くない過去の一時期、国策を誤り、戦争への道を歩んで国民を存亡の危機に陥れ、植民地支配と侵略によって、多くの国々、とりわけアジア諸国の人々に対して多大の損害と苦痛を与えました。私は、未来に誤ち無からしめんとするが故に、疑うべくもないこの歴史の事実を謙虚に受け止め、ここにあらためて痛切な反省の意を表し、心からのお詫びの気持ちを表明いたします。また、この歴史がもたらした内外すべての犠牲者に深い哀悼の念を捧げます。

村山談話はまた「独善的なナショナリズムを排し、責任ある国際社会の一員として国際協調を促進し、それを通じて、平和の理念と民主主義とをおし広めていかなければなりません」とも述べていた。これは、社会党が一九五〇年代以来掲げ続けてきた平和主義の表れでもあったと理解すべき文言である。

重要なのは、こうした九〇年代前半の日本政府の歴史認識が、政権与党が自民党に戻ってからも踏襲されたということである。橋本・小渕・森・小泉というその後の総理大臣は、元慰安婦に手紙を送っているし、小渕首相は、九八年一〇月には日韓共同宣言で「反省と心からのお詫び」を明記し、一一月の日中共同宣言でも「侵略」を明記して「深い反省」の意を表している。

「自虐史観」と戦後民主主義

村山政権がアジア諸国への「お詫び」を表明したのは、自らの戦争責任と公式に向き合うことを避けがちだった戦後日本にとって画期的な出来事だったが、九〇年代から継続していた日本の東アジアへの外交姿勢の延長上にあるものだった。しかし、同時期にはこうした姿勢を「自虐的」だとして厳しく批判する新たな保守勢力が、日本社会で伸長し始めていた。

一九九五年七月、「イデオロギーにとらわれない自由な立場からの大胆な歴史の見直し」を掲げる「自由主義史観研究会」が設立された。この研究会の代表だった教育学者の藤岡信勝《ふじおかのぶかつ》は、「村山談話」に代表される政治家たちの姿勢を、「謝罪外交」と呼び、それを生んだ戦後日本の歴史理解のあり方を「自虐史観」と呼んで批判した。藤岡の影響力は強く、ジャーナリズムや論壇でも注目されるようになる。

藤岡らの言論活動を支える人びとも多かった。一九九〇年代半ばには、戦時期の慰安婦問題や労働者問題で韓国や中国から補償を求める声が上がっており、その反発から中国や韓国に対する日本人の感情が悪化していたからである。一九九六年一〇月に総理府が行った世論調査では、日中関係を「良好だと思わない」「あまり良好だと思わない」と答えた人は合わせて五一%、日韓関係については、五四・九%だった。

「自由主義史観研究会」の活動は着実に広がっていく。この集団が母体となって、一九九七年に「新しい歴史教科書をつくる会」が発足（なお、政治団体・日本会議の発足も同年である）。この会に参加した人物のなかでも、特に重要なのはマンガ家の小林よしのりである。

小林はマンガのなかで、戦死した兵士たちを、個よりも公を重んじ、国の未来のために死んでいった者として描き、兵士たちへの畏敬の念を表明している。その上で、「個人があるから公がある」という戦後民主主義の思考枠組みを脱し、「公があるから個人がある」という認識を打ち立てるべきだと説いた。小林は、アジア・太平洋戦争の再評価を通して、安全保障政策や防衛政策を論じようとしたのではなく、「日本人」としての「歴史感覚」を再構築しようと試みていた。戦後民主主義が「一国主義」というナショナリズムを脱していなかったとするならば、その批判者・否定者たちの議論もまた「一国主義」的だったのかもしれない。

その後、小林はさらに一歩踏み込んで、「戦後民主主義」を「宗教」だと述べるに至る。

野坂昭如、筑紫哲也、大江健三郎、井上ひさし、田原総一朗…、自我が芽ばえた頃は戦争のどまん中で…、思春期に日本が敗れ…、自分を取り巻く世界の価値観がガラリと変わった世代…／彼らがわしの『戦争論』を好意的に読む多くの若者たちの登場にとまどいイラだっている…［中略］

そのまま戦後民主主義を宗教として老いるのか？　公に認知される言葉を吐け[32]！

「戦後民主主義者」は対話の姿勢に欠けており、その言葉は他者に届くことはない。それはまるで「宗教」のようだと小林は述べているのである。一九九〇年代の保守系ジャーナリズムにおける「戦後民主主義」批判を代表する言説だろう[33]。

国家に対して批判的な姿勢を重視する戦後民主主義に対して、彼らには「公」がないと断じる小林の挑戦的な議論は、九〇年代半ばの世相と通底する部分があった。では、どの部分か？それは若者文化や青年文化に集約的に表れた「シェルターとしての内面」とでも呼ぶべき特徴である。

殺伐とした世相

小林よしのりは、一九九八年に発表された『新・ゴーマニズム宣言 SPECIAL 戦争論』(幻冬舎)の冒頭を次のように書き起こしていた。拙著『戦後民主主義』でも引用した部分だが、問題を提示するために再び引用したい。

平和である/なんだかんだ言っても…/日本は平和である〔中略〕家族はバラバラ　離婚率も上昇　主婦売春　援助交際という名でごまかす少女売春　中学生はキレる流行にのってナイフで刺しまくり　若者はマユ剃って化粧してパックしてお顔のお手入れに余念のない昨今…/平和だ…　あちこちがただれてくるよな平和さだ　だれもこの平和の正体を知らぬまま…[34]

ここで小林は、家族の紐帯の切断や売春や少年犯罪などを挙げたうえで、そうした問題があるにもかかわらず「あちこちがただれてくるよな平和さだ」と述べているのである。「ただれてくる」という言い方には、戦争のない状態としての「平和」が長く続くなかで、日本社会の随所で機能不全が起こっているのではないかという皮肉な認識がある。このあと小林は、第二次世界大戦と現代日本人の公共心の衰退に話を移していくのだが、ここでは小林が列挙した家族の崩壊や売春や少年犯罪のほうに注目したい。小林はそれらの問題を、たんに若者の非行や不良文化といった従来の文脈から切り離し、むしろ「平和」がもたらした日本社会の機能不全とイメージ上で結びつけて提示したのである。「平和」と結びつけるところに評論家としての、巧みなイメージ作りに漫画家としての、小林のセンスがあった。

当時話題になったメディア言説や表象は、殺伐とした世相を伝えている。殺伐とした、というのは、一言でいうと、日常空間における物理的・精神的な暴力——しかもカタルシスのない暴力が一方では現実化し、他方ではそれらが「リアル」なものとして多様にフィクション化されたという意味である。インターネット以前の最後の時代である九〇年代半ばにおいては、紙媒体とテレビというオールドメディアが、殺伐とした時代の空気に注目していた。紙媒体の売り上げのピークは一九九六年だった。以下に列挙する出来事や作品は、いつの時代も存在するマス・メディアによる話題作りだとして簡単に片付けることはできないと思われる。

テレビドラマにおける九〇年代とは、脚本家・野島伸司《のじましんじ》の作品が話題をさらった時代だった。初期の野島の作品は、『愛しあってるかい!』や『101回目のプロポーズ』など、ラブコメや純愛を強調する作品が続いたが、九〇年代前半に、貧困少女のサバイバルを描いたドラマ『家なき子』（野島は企画として参加。日本テレビ、一九九四年）や、いじめによる自殺によって中学生の息子を失った父親の復讐劇を描いたドラマ『人間・失格～たとえばぼくが死んだら』（TBS、一九九四年）、ホームドラマの外見を取りながらも非行やレイプなどの問題を織り交ぜた『ひとつ屋根の下』（フジテレビ、一九九三年）などが、視聴者に支持された。もちろん、九〇年代にはそれ以前から活躍する脚本家の話題作もあったし、「月9」と呼ばれたトレンディ・ドラマの興隆もあったが、殺伐とした世相を強調するテレビドラマの存在を、八〇年代とは異なる特徴と言っても構わないだろう。

これらの作品の特徴は、執拗かつ陰湿な暴力と、それを黙認したり助長したりするコミュニティへの絶望である。野島伸司の代表作のひとつとして高校教師と生徒との恋愛を描いたドラマ『高校教師』（TBS、一九九三年）があるが、この作品が教師と生徒の心中を強く連想させる終わり方をしているのは、この時代の野島のドラマが提示する世界理解をよく表している。つまり、執拗かつ陰湿な暴力にも、それを黙認したり助長したりするコミュニティにも絶望した人間が、逃避先として安らかな死を選ぶという、「心中もの」を連想させるという意味では伝統的でさえある世界理解である。

テレビドラマ以外の場所でも、自他への暴力が注目された。ライターの鶴見済《つるみわたる》による『完全自殺マニュアル』（太田出版、一九九三年）は、自殺の方法を徹底してドライに列挙して、ベストセラーになった。この本は、九〇年代的な殺伐とした「遊び」を体現するものだったと言えるし、死と実存を切り離したうえで死の方法をカタログ化することで逆説的に生の有意味を浮かび上がらせる仕掛けだったとも評価できる。著名人の自殺を報道するメディア関係者に対して厚生労働省が「WHO自殺報道ガイドライン」を順守することを呼びかけるようになった二〇二〇年代現在の言論環境においては、『完全自殺マニュアル』は「サブカルチャー」というラベルを貼ったとしても受け入れられないだろう。この本がベストセラーになる時代だったのである。なお、年間自殺者数の推移を厚生労働省の統計から確認しておくと、一九八九年から一九九四年まで二万二〇〇〇人前後で推移していたが、九五年から明らかに増え始めて一九九七年には二万四〇〇〇人を超えた。さらに九八年にはその数は跳ね上がり、なんと三万二〇〇〇人を超え、過去最多となった。その後、驚くべきことに、年間の自殺者数は三万人以上の水準で高止まりをみせ、その傾向は二〇一一年まで続いた。

殺伐とした世相を構成した出来事はこれ以外にもある。一九九四年に「就職氷河期」が流行語となったことが示すように、バブル経済崩壊後の不況が長期化する可能性を日本社会は認識し始めていた。九〇年代半ばに社会問題になった都市周辺部における高校生の援助交際。いじめが生む自殺や猟奇的殺人から、「おやじ狩り」「エアマックス狩り」に至るまで、多様なかたちで社会問題化した少年犯罪。その他では、暴力的・差別的な「笑い」が、サブカルチャーから地上波のテレビ番組にいたるまで、それぞれにニュアンスに違いはあるが、読者や視聴者から一定の支持を得ていたことも付け加えておこう。この時代に広く浅く共有された感性を、狭く深く突きつめたメディア文化作品として、岡崎京子《おかざききょうこ》の漫画『リバーズ・エッジ』（宝島社の雑誌『CUTiE』に一九九三年から九四年まで連載）やアニメーション『新世紀エヴァンゲリオン』を挙げるのは、いまや文化史的には常識になった感もある。

『リバーズ・エッジ』の「死んだ東京」

『リバーズ・エッジ』は、東京郊外を生きる高校生たちの日常を描いた作品であり、荒廃した青春を、静謐《せいひつ》かつグロテスクに描いたところが「リアル」だと評価されたり、「終わりなき日常」という戦場をサバイブする高校生たちの殺伐とした抒情を描いた作品だとされたりした。

作中ではウィリアム・ギブソンの詩が引用されているが、そのなかには「平坦な戦場で　僕らが生き延びること」という言葉がある。このことからも、作者の岡崎が、緩慢な「戦場」として高校生たちの日常を捉えているのは明白であるように思われる。思春期の若者が抱く疎外感の深さを「戦場」に重ねる想像力には、戦争を極限状況と捉える常識的な見方と、同時代の実際の戦場（湾岸戦争やユーゴスラビアの紛争やアフリカでの内戦・紛争）が自分たちとは完全に隔絶しているという見方とが混在している。この作品で何より重要なことは、人間の死のリアリティを、その希薄さも含めて、克明に描いている点だろう。作品のなかの生者と死者は、国家にも社会にも紐づけられることはない。狭い人間関係のなかでどうしようもなく傷ついてしまう瞬間や、微妙に恢復《かいふく》する瞬間を高解像度で描ききることで、国家や社会が捕捉しきれない「私だけの戦場」を提示した作品だったと言える。

他方で、文筆家の五所純子《ごしょじゅんこ》は、「異端文学にもサブカルチャーにも社会問題にもいかようにも接続できる記号がまんべんなく配分されていて、センスのよい若者読本」としても読めるとしたうえで、作品内の中心に置かれた白骨死体は東京の暗喩だという、示唆に富む読解を提示している。[35]

「東京」の死体という五所の指摘に刺激を受けつつ、筆者なりに議論の方向を転換するならば、「東京」の死体をめぐる高校生たちの群像を描いた『リバーズ・エッジ』が、従来言われてきたこととは別の意味で、やはりすぐれて九〇年代的な作品だったということになる。

戦後日本のメディア文化において、「東京」はなんども崩壊してきたが、それらはわかりやすい悲劇やサバイバルの舞台設定として要請された崩壊だった。ところが、『リバーズ・エッジ』は、メディア言説やフィクションにおける表象を生み出すシステムとしての「東京」が、もはや生き生きとした活動体ではなく、残酷で空虚な死体となっており、しかしむしろそうであるがゆえに癒しや慰撫の源泉にもなっていることを、作品の構造を通して提示していたのだった。

では、なぜ癒しや慰撫の源泉になるのか。読者や観客や視聴者たちは、自身の実存的なフラストレーションを逸らしたり束の間の解放を用意してくれたりする表象を求めることがある。

たとえば少年・少女漫画やテレビドラマなどの大衆向けの文化産業はそうした要求に見事に応えてくれる作品を生み出し続けてきた。しかし、実存的なフラストレーションにとって、それらは対症療法的であり、根幹にある世界への違和感は温存されるだろう。かつては芸術や詩や小説が、世界への違和感を受け止めてくれる器として、社会のなかで確たる地位を占めていた。実存的な不調和にとっては、解消だけが癒しなのではなく、同様の問題を抱えている他者がいると知ることが癒しになり得るのである。

ところが、二〇世紀後半にいっそう拡大した文化産業は、拡大したがゆえに、実存的なフラストレーションを受け止めてくれるタイプの大衆的作品を生み出す余裕を持っていた。青年誌や女性誌やサブカル誌などの一角に、一方では『リバーズ・エッジ』のような作品が掲載され、他方では二一世紀に入ってからはポリティカル・コレクトネスによって「問題あり」と見なされた「露悪的」で「悪趣味」なサブカルチャー的表象が掲載されたのである。『リバーズ・エッジ』における死体としての「東京」は、当時の若者の荒廃した精神を描いただけでなく、二〇世紀後半の表象産出システムとしての文化産業の最高潮——あとはもう余裕を失って退潮しつつ、Ｗｅｂメディアに場所を譲り始める——を正確に指摘していた作品としても読むことができる。

さて、殺伐とした世相は人間の内面へと社会の関心を方向付けることとなった。一九九五年には、阪神・淡路大震災の被災者の「こころ」が社会問題化し、地下鉄サリン事件ではオウム真理教の信者たちの「精神病理」が書き立てられた。以後、新しい書き手として、あるいはテレビのコメンテーターとして、心理学者が重宝されるようにもなった。こうした潮流を指して、九〇年代後半から二〇〇〇年代は「心理学化する社会」や「心理主義」への傾斜と呼ばれる事態が進行していたと指摘されることもある。[36]

村上春樹の「こころ」

日常空間における物理的・精神的で苛酷な暴力がもっぱら内面で処理されるという「こころの時代」におけるフィクションの特徴をよく体現する作品として、最後に村上春樹《むらかみはるき》の『ねじまき鳥クロニクル』(三部作、新潮社、一九九四〜九五年)を取り上げよう。

この作品が、理不尽な暴力に彩られていることは、多くの論者が指摘するところである。ノモンハン事件の挿話として描かれた、生きたまま全身の皮をはがれるという拷問。主人公の僕と、数年前に一度だけ見たことのある歌手とのあいだの、突発的で陰惨な殴り合い。突然消息を絶った妻とその愛人とのどこか暴力的なまでに官能的な情事。「人が死ぬのって、素敵よね」と言う、謎めいた一六歳の少女。中国人を叩き殺す日本兵。殺されて内臓を抜き取られたファッションデザイナー。「歴史の奥にあるいちばん深い暗闇に」むすびついた暴力を解放しようとしている義理の兄……。

要素を列挙しただけでは、未読の方には『ねじまき鳥クロニクル』がグロテスクで超現実的な小説のように思えるかもしれないが、それは当たっている。この小説は人間存在が抱える暴力という悪に対して、いかに立ち向かうことが可能なのかという一点を突き詰めた寓話であって、悪の魔術師や残忍な鬼や獰猛《どうもう》なドラゴンこそ出てこないが、フィクションを通して人間の文化が繰り返し描いてきた暴力の存在を、一九九〇年代の日本の日常世界と歴史世界を舞台に展開した構えの大きい作品だった。

村上春樹が心理学に関心を抱いていたのはよく知られるところで、心理学者の河合隼雄《かわいはやお》との対談を一冊にまとめてもいる（『村上春樹、河合隼雄に会いにいく』岩波書店、一九九六年）。日常空間における物理的・精神的で苛酷な暴力は窮極的には個人の内面から生まれるものであり、そうであるがゆえに、暴力に立ち向かうには、社会的連帯によるシステムの変革というよりも、無意識を含む個人の内面からアプローチするのが有効だ——もちろん村上はそこまで明示的には書いていないが、彼の小説には一貫してこのような「方法としての積極的孤独」とでも呼ぶべき問題意識があると思われる。暴力が遍在するこの社会と人間への強い関心が、内面へとなだれ込んでいくところに、「こころの時代」との相性の良さがあったとも言える。

これまで確認してきた殺伐とした世相と、先に確認した政治レベルでの「平和」の議論は、無関係のように思えるかもしれない。しかし、そこには小林よしのりが示唆したように同時代的なつながりがある。そのつながりを筆者なりに説明するならば、次のようになるだろう。九〇年代のサブカルチャーに親しんだ若年層にとっての切実な暴力は、国家による「戦争」ではなく、日常に遍在する人間関係から生じる暴力だった。湾岸戦争は短期間で終結し、日本の自衛隊がどのようにして海外に出るのかという議論は高まったが、二〇〇〇年代以降のように北朝鮮や中国の「脅威」はまだ顕在化していなかった。国家と戦争の関係をめぐる想像力が低調だったことは間違いないが、それとは逆に、より日常的に個人が感受する暴力の表象は「リアル」なものとして受け止められた。こうした動向は、のちに「セカイ系」と総称される作品群を生み出していくことにもなった。それは、公共心がなく、社会に背を向ける内向性の表れであって、情けないことなのだろうか？　おそらくそうではないだろう。

国家間・民族間の軍事衝突という暴力に比べれば微細かもしれないが、当人にとってはそれ以上に重大でさえある暴力に対する感受性は、九〇年代においては露悪的なところもあり、批判的関心とまでは呼べない部分は残るけれども、確実に育まれていた。そして、こうした感受性は二一世紀に入ってライターの赤木智弘が発表した論考「『丸山眞男』をひっぱたきたい 31歳、フリーター。希望は、戦争。」（『論座』二〇〇七年一月号）にも、引き継がれていくのである。赤木の論考については次章で確認しよう。

沖縄と「新ガイドライン」

一九九五年九月、沖縄に駐留していた米兵三名による女子小学生への暴行事件が起こった。この衝撃的な事件は、沖縄の米軍に対する人びとの強い拒否感を誘発することになった。

他方で、自衛隊に関する日本社会の認識はおおむね良好だったと言える。すでに確認したPKO派遣に加えて、一九九五年の阪神・淡路大震災でも自衛隊は話題になっていた。このときには、自衛隊の災害出動の遅れについて危機管理体制が不十分だったと言われ、それは実際にその通りであって、自衛隊よりもボランティアの活躍が肯定的に語られたわけだが、自衛隊が人命救助・遺体収容・倒壊家屋の処理・ゴミの処理・各種物資の輸送・給水や入浴支援にいたるまでの各種活動を行ったということもまた事実である。内閣府の世論調査をみても「自衛隊に良い印象を持っている」という回答は、一九九一年に六七・五%だったが、九四年には七六・八%、九七年には初めて八割を超えて八〇・五%を記録した。九〇年代には自衛隊の活動に対する理解は進み、ほぼ肯定的に受け入れられる時代になっていた。つまり、九五年には、米軍へのネガティブな印象と、自衛隊へのポジティブな印象がともに上昇していたと整理可能である。

米兵による暴行事件を受けて、日米両政府は沖縄の負担軽減を検討し始める。そして、橋本龍太郎首相とクリントン大統領は、九六年四月に普天間《ふてんま》飛行場の返還に合意し、さらに日米安全保障共同宣言を発表した。しかしながら、その後、返還は進まなかった。普天間飛行場に代わる米軍基地をどこに置くかという問題は、名護《なご》市・辺野古《へのこ》への移設とその反対運動として、現在にまで尾を引いている。

さて、日米安全保障共同宣言の延長上に、「新ガイドライン」と呼ばれる「日米防衛協力のための指針」が発表され、これに基づいて一九九九年五月にいわゆる「新ガイドライン関連法」が成立した。「新ガイドライン関連法」は平時と有事、有事が差し迫った段階、周辺事態という四点で、日米両政府の協力を円滑に進める調整の枠組みを作るものだった。

そもそも、有事に関する法制度は、財産権など私権の制限につながるおそれがあるため、議論そのものがながらく慎重に扱われてきた。しかし、自衛隊を例に挙げるならば、有事の際の法的枠組みがなければ、たとえば突然の戦争状態に入った際に、特別措置法を準備する時間が取れない場合は、自衛隊の行動は「なんでもあり」の超法規的なものとなってしまうかもしれない。こうした事態を避けるためにも、有事の際の法制度が必要だという意見は、やはり以前から存在した。これに対しては、有事法制は「戦争を準備するものだ」という根強い反対があり、戦後日本はこの問題を基本的には棚上げにしてきた。一九七七年には、「立法化を前提にしない」などとことわったうえで、当時の防衛庁を中心に公式に有事法制研究に着手したが、これもながらく「研究」にとどまるものだったのである。

しかし、冷戦崩壊以降、北朝鮮の核問題や中台関係など、東アジア情勢は不安定化の傾向にあった。日本周辺で起きた紛争に対処するための周辺事態法などの整備は、国際関係の変化に対応しながら、長年の課題に向き合うものだったが、他方ではそれがアメリカ軍との協力関係を固めるという外見をもって実現したことは、外交・安全保障において、いわゆる「日米同盟」以外の選択肢はもはや存在しないという世界観をより強固に定着させるものでもあった。

一九九〇年代後半は、「日米同盟」の再定義期だったが、その焦点としての沖縄について、改めて注目が集まった時期でもある。とくに、「新ガイドライン」は、二〇〇〇年代の小泉政権下におけるアメリカの軍事活動への協力へと道を開くものであり、その意味で重要な法整備だったと言えるだろう。

「第二の敗戦」と「経済戦略会議」

橋本政権下の一九九七年には、三洋証券と北海道拓殖銀行が経営破綻、山一證券が自主廃業するなど、不況の深刻さを広く印象付ける出来事が相次いだ。さらに経営危機に陥った日産自動車が、フランスのルノーの資本参加を決めたが、日本の自動車産業が外資の投資の対象になったという意味で時代の変わり目を象徴する出来事だった。[37]

これらのネガティブなニュースは、「第二の敗戦」という言葉で受け止められた。戦後復興から高度経済成長を経て、七〇年代から八〇年代の日本国内では「アメリカに戦争では負けたが経済では勝った」という認識がある程度共有されていた。しかし、バブル崩壊後の長期不況の深刻化が、相次ぐ経営破綻や外資参入として誰の目にも明らかになると、今度は「第二の敗戦」という認識が広まったのである。「第二の敗戦」は、新自由主義的改革を押し止める方向ではなく、いっそう推し進める機運を醸成する効果を果たしたと言えるだろう。ここでは「経済戦略会議」に注目したい。

一九九八年の参議院選挙での自民党の敗北を受けて、橋本首相が辞任し、小渕恵三が後継内閣を組織した。この小渕内閣の諮問会議として発足したのが「経済戦略会議」である。経済に関わる諮問会議には、長らく労働組合からも代表者が参加してきたが、「経済戦略会議」のメンバーには労働組合の代表者がひとりもおらず、先述の中谷巌のほか、竹中平蔵らの経済学者が参加していた。この会議は長年にわたって日本の金融機関を苦しめてきた不良債権問題を解決するため、金融機関に公的資金を投入する流れを作ったと評価される。[38] では、それ以外にこの会議は何を主張したのだろうか。「経済戦略会議」が一九九九年二月に取りまとめた答申書「日本経済再生への戦略」から注目すべきポイントを取り上げてみよう。

この答申書は、五つの基本戦略を挙げたが、そのひとつに「『健全で創造的な競争社会』の構築とセーフティ・ネットの整備」がある。[39]「公的部門のスリム化・効率化」「地方の自立を促す制度改革」「努力したものが報われる公正な税制改革」「創造的な人材を育成する教育改革」などが訴えられる一方で、「敗者復活を可能とし安心を保障する」セーフティ・ネットにも言及されている。セーフティ・ネットとして挙げられたのは、年金・医療・介護などの既存のシステムだけでなかった。「個人の転職能力を高め雇用の安心を確保する労働市場改革」もまたセーフティ・ネットとして挙げられていたのである。

「経済戦略会議」の答申書は日本経済の問題点を洗い出し、今後の指針を示すものだった。バブル崩壊後の長期不況の突破口として提唱された諸改革の内容をひとことで表すならば、それは新自由主義だということになるだろう。日本における新自由主義は七〇年代後半から部分的に提起されるようになり、八〇年代に浸透し始めたが、イギリスやアメリカに比べると主体性は弱く、九〇年代以降はアメリカの市場開放要求と国内の長期不況に押されるかたちで新自由主義的改革を進めたと言える。英米に比べて、経済が高水準で安定していたからである。日本に新自由主義の特徴が如実に表れるのは次章で扱う二〇〇〇年代以降だが、一九九九年の経済戦略会議の答申書と、同じく小渕内閣の下に設置された「21世紀日本の構想」懇談会（一九九九年三月発足・座長は河合隼雄）が二〇〇〇年一月に提出した報告書などは、それを準備した重要な契機として位置づけられる。

新自由主義とは、企業が自由に活動しその能力を発揮することによって社会の富と福利が最も増大するという考え方を指す。言い換えれば、市場取引の範囲と頻度を最大化することで社会財も最大化されるという考え方だ。もちろん、無限定な自由ではなく、私的所有権、自由市場、自由貿易を特徴とする制度的枠組みの範囲内で行われる自由な取引であり、そうした市場優位の制度的枠組みをつくるために、国家は市場に積極的に介入するのである。[40]

反グローバリゼーションの抗議活動

アメリカのレーガン政権やイギリスのサッチャー政権、日本の中曽根政権が新自由主義政策を進めたことはよく知られるが、それは一国内部の経済の立て直しに有効だと判断されたからだ。グローバル企業にとって有利な自由市場や自由貿易などを進めるために、国家は相応のパワーを必要とする。そこでは、政治指導者はグローバル企業の代弁者としてリーダーシップを発揮せねばならない。指導者たちは市場への介入を国民に向けて正当化するため、「この方法こそが我が国の経済を回復させるのだ」というような主張を展開することになる。そうなると、株価や地価が、政治の成功・失敗を測る指標として前面にせり出してくる。

言論環境に目を転じるならば、「小さいけれども集権的な政府」が求められ(「機動力」という物理的暴力と親和的な言葉がなぜか頻繁に使われる)、行政の無駄がマス・メディアによって叩かれ、「自己責任」論が社会に広く共有されるといういまや見慣れた風景が定着し始める。[41]

こうして「小さい政府」を掲げる新自由主義とナショナルなものとが一方では結びつく。さらには、新自由主義によっていっそう推進されるグローバル化に対する反発の一部もまた、ナショナルなものへと回帰する。九〇年代に世界各地で起こった現象である。他方で、金融のグローバル化の負の側面もまた、明らかになりつつあった。

一九九七年夏のアジア通貨危機、九八年夏のロシア金融危機を経て、一九九九年にシアトルで開催されたＷＴＯ（世界貿易機関）の閣僚会議の際には、五万人を超える人びとが反グローバル化を掲げて抗議活動を行った。このときには、世界中に進出するコーヒー店・スターバックスが、貧しい原産国からコーヒー豆を買いたたいているとして標的になり、店が襲撃されるという有名な事件が起こっている。その後、日本でもフェアトレードを掲げるコーヒーやチョコレートを見かけるようになったが、その背景にはこうした反グローバル化の運動があった。

さて、シアトルでの抗議活動の熱気は、二〇〇〇年にワシントンで開催されたＩＭＦ・世界銀行の閣僚級会議への抗議デモにも引き継がれた。このときにも約五万人が集まったという。運動に参加した集団は約六〇〇、その内容は、労働組合・環境保護団体・人権団体・平和運動のグループ・無政府主義者のグループ・消費者運動のグループ・学生運動団体や宗教団体・動物愛護団体・有機栽培推進グループ・ベジタリアンの活動グループなど、多岐に及んだ。[42] さらに、二〇〇一年夏には、イタリアのジェノバでのＧ８サミットに反グローバリゼーションを掲げる団体が世界から集まり、二〇万人による激しい抗議活動が行われた。
二〇〇〇年のワシントンでの反グローバリゼーション運動を取材したジャーナリストの船橋《ふなばし》洋一《よういち》は、各グループの代表が集まって行動計画を話し合う場所に同席したときの印象を、「だれひとり、リーダーらしき人物は登場しないし、全体を統合するテーマを語る人物もいない。演説もない［中略］これは、ヒエラルキーがペシャンコになってしまい、トップがいなくなってしまうインターネットのコミュニケーション力学そのものではないか」と書き残している。[43]
抗議活動に加わった人びとは、統一した司令部を持たなくても、携帯電話とインターネットを駆使して見事に連携して運動を進めていることに、船橋は新鮮な驚きを抱いたのだった。それは、ネグリとハートが『帝国』や『マルチチュード』で概念化したような、互いに自立しながら接続し合っているような群衆の様態である。ただし、リベラルな船橋は「彼らを結びつけているのは、反グローバリゼーションの気分と態度にすぎない。だれが、どこで、なにをもって、運動目標が達成されたか否かを判断するのか。それが見えない」と付け加えるのも忘れなかった。[44]一九四四年生まれのジャーナリストが抱いていた社会運動に対する想定からはみ出す部分が、この運動にあったということだろう。

教育改革への布石と「心の東京革命」

話を九〇年代後半の日本社会に戻そう。九〇年代後半以降は、教育が社会の焦点となった時期でもあった。すでに「新しい歴史教科書をつくる会」については確認したが、国家主義的な思想だけではなく、経済主義的な思想にとって、教育が重要問題として浮上していた。戦後民主主義的なものに対する根本的な違和感が、東アジアの歴史認識問題や、グローバル化に対応した人材教育などの課題を飲み込みながら、教育問題へとなだれ込んでいったと言える。「経済戦略会議」の答申書のなかに、「創造的な人材を育成する教育改革」という項目があったのは、そのような潮流のひとつの表れだった。

一九九〇年代後半の多様な議論のなかで、政治と結びついて日本社会の焦点となったのは、教育基本法の改訂を視野に入れつつ、道徳教育を再定義するという試みだった。もっとも、教育基本法の改訂は、一九八四年に中曽根政権下で諮問機関・臨時教育審議会が立ち上げられた際にも、課題のひとつとして挙げられていたが、結局果たせなかったという経緯がある。その意味で、教育基本法の改訂は、一部の政治家やその支持者たちにとっては宿願だった。

まずは自民党の動きをみてみよう。自民党は一九九七年の「教育改革推進の提言」で、「教育基本法には日本の歴史・伝統の尊重、国民としての義務・道徳について明確に規定がない」と主張し、改訂も視野に入れて検討する方針を示していた。それを実現すべく、一九九九年の八月一〇日には、自民党教育改革実施本部の「教育基本法等研究グループ」が初会合を開いた。[45]これは、国旗・国歌法が参議院でも可決されて成立した翌日である。同年九月には小渕首相が講演のなかで教育基本法の見直しを進めると述べ、その方針は森首相・小泉首相にも引き継がれていく。

こうした動向は自民党が単独で進めたものではなかった。むしろ自民党による教育改革の方向付けは、当時の日本社会のさまざまな保守的因子のひとつだったと言える。別の例としては、一九九九年に東京都知事に就任した石原慎太郎《いしはらしんたろう》の「心の東京革命」が挙げられる。石原は、一九九九年九月一四日の東京都議会で所信表明演説を行ったが、そのなかで、「心の東京革命」というキャンペーンを推進すると明らかにした。[46]二〇〇〇年八月には「心の東京革命」の行動計画が発表されたが、その計画の骨子は、家庭・学校・地域・社会で取り組む項目を整理し、標語を挙げるというものだった。当時の報道から、どのような標語が並んでいたのかを紹介してみよう。[47]たとえば、家庭では「一日はおはようで始め、おやすみで終わらせよう」、学校では「しつけは家庭の責任であることを親に伝えよう」、地域では「近所の大人から子どもに声をかけよう」といった標語が並んでいる。その他、「何でも与えずにがまんを教えよう」「子どもは本来、暑さ寒さに強いもの。すぐに冷暖房に頼らせない」といった言葉もあったとのことである。

教育改革の議論が本格化するのは、二〇〇〇年だった。二〇〇〇年三月、小渕首相の私的諮問機関として「教育改革国民会議」が発足する。メンバーは、座長に物理学者の江崎玲於奈《えさきれおな》を置き、心理学者の河合隼雄、政治学者の勝田吉太郎《かつだきちたろう》、作家の曽野綾子《そのあやこ》、劇団四季の浅利慶太《あさりけいた》など二六名だった。三月二七日には初会合を開いたが、その際の報道では、座長の江崎玲於奈が教育基本法の見直しを口にしている。[48] 同年八月には、保守系知識人たちが「新しい教育基本法を求める会」を結成したが、そのメンバーは西尾幹二《にしおかんじ》、小林よしのりなど「新しい歴史教科書をつくる会」と部分的に重なっていた。そして、二〇〇一年一一月には、遠山敦子《とおやまあつこ》・文部科学相が、教育基本法の見直しを「中央教育審議会」(会長・鳥居泰彦)に諮問し、一年を目途に答申をまとめるように求めた。こうして、教育問題は二一世紀初頭にまで持ち越され、日本社会の焦点のひとつとなるのである。

以上、第二章では一九八九年から二〇〇一年までの広義の「戦争と平和」をめぐる議論を確認してきた。「戦争のない状態としての平和」を求める平和主義は「グローバル化」「自由化」の奔流のなかで多様な議論を生んだが、自衛隊の活動範囲の拡大が決まった。より広い意味での「平和」認識に関わる現象としては、ナショナリズムの強化を指摘できる。グローバル化への経済的対応としての新自由主義的改革を進めるためにも、グローバル化への文化的反発を調停するためにも、ナショナリズムの強化はうってつけだった。そもそも、「第三の開国」「第二の敗戦」という言葉自体が、グローバル化を日本一国内部に向けて翻訳したものである。九〇年代後半以来、教育がその課題に向き合うための重要な回路として焦点化されることになったのである。

より広義の「戦争と平和」をめぐる認識についてはどうだろうか。戦後日本において、「戦争と平和」を語る人びとの主体性は多層的で複数的なものだったが、第二章で扱った時期には、「戦争と平和」を語る主体を「国民」に限定する態度が定着しつつあったと整理可能である。戦後日本社会においては、この世界に内在する暴力性に対する感受性の受け皿としても反戦・平和主義は機能していたが、この時代にはその受け皿は広義のサブカルチャーに限定されがちだった。

これらの特徴は、このあとの時代にどのように変容するのだろうか。次章では二〇〇一年以降の「対テロ戦争」の時代に注目する。

【注】

11 ウィンストン・チャーチルが一九五五年三月一日にイギリス下院でおこなった演説のなかの言葉。

12 引用は、アマルティア・セン、東郷えりか訳『人間の安全保障』集英社、二〇〇六年、一一七頁。

13 山崎正和『曖昧への冒険』新潮社、一九八一年、一九四頁。

14 清水晋作『公共知識人ダニエル・ベル』勁草書房、二〇一一年、二七四〜二七五頁。

15 松本健一・石川好「争点　脱冷戦の中で　開国への道（上）」『朝日新聞』夕刊、一九九四年一〇月一一日、七面。

16 松本健一・石川好「争点　普遍と特殊　開国への道（下）」『朝日新聞』夕刊、一九九四年一〇月一二日、七面。

17 石川の主張は、一九九四年一〇月一一日と一二日の『朝日新聞』夕刊の記述を筆者が再構成したものである。

18 一九七〇年代に「第三の開国」という言葉を使用した例としては、「社説　第三の開国」（『朝日新聞』一九七四年一月六日、六頁）や、鶴見俊輔「論壇時評（下）　第三の開国へ」（『朝日新聞』夕刊、一九七五年八月二九日、三頁）などがある。

19 田所昌幸「日本人の対外意識における連続と不連続」添谷芳秀・田所昌幸・デイヴィッド・A・ウェルチ『「普通」の国　日本』千倉書房、二〇一四年、六六頁。

20 加藤博章『自衛隊海外派遣』筑摩書房、二〇二三年、一一七〜一一八頁。

21 「経済中心主義を批判『保守政治最大の失政』　小沢・自民幹事長」『読売新聞』一九九〇年九月二六日、二面。

22 「国際安保の概念明確にし国連軍へ積極参加を　自民・小沢調査会が方針」『読売新聞』一九九一年一二月一二日、二面。

佐藤健志「『中年オタク』の思想を排す」『諸君！』一九九二年九月号。

23 細川護熙編『日本新党　責任ある変革』東洋経済新報社、一九九三年、二二四頁。

24 同右、二一八頁。

25 同右、二二二頁。

26 坂本義和「若者の夢かきたてる国際貢献を」『朝日新聞』一九九三年四月六日、四面。

27 北井邦亮『日米ガイドライン』中央公論新社、二〇二四年、七二頁。

28 菊池信輝『日本型新自由主義とは何か　占領期改革からアベノミクスまで』岩波書店、二〇一六年、一四六～一四七頁。

29 社会党については、山口二郎・石川真澄編『日本社会党　戦後革新の思想と行動』（日本経済評論社、二〇〇三年）および、原彬久『戦後史のなかの日本社会党　その理想主義とは何であったのか』（中央公論新社、二〇〇〇年）の記述を参考にした。

30 「盧大統領が国会で演説」『読売新聞』夕刊、一九九〇年五月二五日、一面。

31 若宮啓文『戦後70年　保守のアジア観』朝日新聞出版、二〇一四年、三九一頁。

32 小林よしのり「新ゴーマニズム宣言　第八八章　彼らは戦後民主主義を宗教として老いる」『SAPIO』一九九九年二月三日号、七八頁。

33 アカデミズムに目を転じれば、九〇年代はオリエンタリズムの議論が日本でも定着し、ポストコロニアル・スタディーズが隆盛し、帝国日本の植民地主義が新たな視角から批判的に再検討され始めていた。国民国家批判の機運も、カルチュラル・スタディーズと一部で合流しながら、以前の時代とは別の次元で展開されるようになった。日本においては、ポストコロニアリズムは当然のこと、カルチュラル・スタディーズも同様に「歴史」への関心を強めたが、それは本書が確認してきたように八〇年代末から九〇年代初頭の日本社会が「歴史」への関心を増していたことと符合する。

34 小林よしのり『新・ゴーマニズム宣言SPECIAL 戦争論』幻冬舎、一九九八年、七～九頁。

35 五所純子「『すべての仕事は売春である』に匹敵する一行を思いつかなかった」大澤聡編『１９９０年代論』河出書房新社、二〇一七年、二三一頁。

36 斎藤環『心理学化する社会 なぜ、トラウマと癒しが求められるのか』（ＰＨＰエディターズ・グループ、二〇〇三年）と、宇野重規『〈私〉時代のデモクラシー』（岩波新書、二〇一〇年）、および島崎隆「『心理主義』の流行とカウンセリング・心理療法の是非をめぐる問題」（季報『唯物論研究』第一〇〇号、二〇〇七年）を参照。心理主義の二〇一〇年代における展開は、牧野智和「二〇一〇年代自己啓発書ベストセラーにみる『心の習慣』」（北田暁大・東園子編『岩波講座 社会学12 文化・メディア』岩波書店、二〇二三年）が整理している。

37 菊池信輝『日本型新自由主義とは何か 占領期改革からアベノミクスまで』岩波書店、二〇一六年、一五五頁。

38 同右、一五九頁。

39 「日本経済再生への戦略」は、インターネットで全文閲覧可能である。
https://www.ipss.go.jp/publication/j/shiryou/no.13/data/shiryou/souron/13.pdf
【最終閲覧二〇二四年三月三日】

40 新自由主義に関する記述は、佐藤嘉幸『新自由主義と権力 フーコーから現在性の哲学へ』（人文書院、二〇〇九年）と、宮川裕二『「新しい公共」とは何だったのか 四半世紀の奇跡と新自由主義的統治性』（風行社、二〇二三年）を参考にした。

41 新自由主義と政治的プロジェクトとの関係については、間宮陽介の論考「知識人ナショナリズムの心理と生理」『同時代論 市場主義とナショナリズムを超えて』（岩波書店、一九九九年）と酒井隆史の解説『ブルシット・ジョブの謎』（講談社、二〇二一年）を参考にした。

42 この段落は、反グローバリゼーション運動を取材した船橋洋一の『グローバリゼーション・トリック』（岩波書店、二〇〇二年）を参考にした。参加団体の種類については、同書の二四〇頁の記述を踏襲した。

43 船橋前掲書、二四一〜二四二頁。

44 船橋前掲書、二四三頁。

45 「教育基本法改正も視野」『朝日新聞』一九九九年八月一一日、六面。

46 「『心の東京革命』に全力　石原都知事所信表明演説」『朝日新聞』一九九九年九月一五日、三〇面。

47 「石原知事流しつけ、東京都が『心の東京革命』計画」『朝日新聞』二〇〇〇年八月一二日、二六面。

48 「基本法など論議、一年後提言　教育改革国民会議が初会合」『朝日新聞』二〇〇〇年三月二八日、二面。

第三章　再定義される「戦時下」のこころと身体

――二〇〇一年から二〇一一年まで

「対テロ戦争」からイラク戦争の時代

二〇〇一年九月一一日、イスラム過激派組織「アルカイダ」の構成員たちが旅客機をハイジャックし、二機の旅客機がニューヨークの世界貿易センタービルに突っ込んだ。また、国防省にも一機が体当たり攻撃を行った。当時の総理大臣・小泉純一郎はただちにアメリカへの協力を表明する。同年一〇月二九日にはテロ対策特別措置法を成立させ、一一月には自衛艦がインド洋に派遣された。さらに二〇〇三年三月には、アメリカを中心とした有志連合がフセインを敵視し、イラクに対して戦争を仕掛けた。二〇〇三年六月には、いわゆる「有事関連三法」(自衛隊法改正案、武力攻撃事態対処法案、安全保障会議設置法案)が成立。二〇〇三年七月には「イラク特別措置法」が、二〇〇四年六月には「有事関連七法」が成立する。

アメリカが戦争の口実として強調したイラクの大量破壊兵器は結局見つからず、戦争は泥沼化し、正式な終結宣言が出たのは二〇一一年一二月のことだった。アメリカの大統領は、オバマに変わっていた。この一〇年のあいだに、九〇年代に議論された自衛隊による国際貢献・協力の相手は、国連や「国際」というよりも実際には米軍なのではないかという疑念を多くの人びとが抱くようにもなった。

第三章で扱う時代は、上記のような戦争状態が継続していた二一世紀初頭の約一〇年間である。この約一〇年のうち、二〇〇一年四月から二〇〇六年九月までの長きにわたって総理大臣を務めたのが小泉純一郎だった。

小泉純一郎は「自民党をぶっ壊す」「派閥の論理は通用しない」「構造改革なくして成長なし」などの発言で改革姿勢を打ち出し、二〇〇一年四月の自民党総裁選で橋本龍太郎に勝利した。政権発足後の六月に発表されたいわゆる「骨太の方針」(「今後の経済財政運営及び経済社会の構造改革に関する基本方針」)では、「日本の潜在力の発揮を妨げる規制・慣行や制度を根本から改革する」ことを掲げている。具体的には、不良債権の処理、公共事業・医療費抑制による財政再建、特殊法人の廃止・民営化、郵政事業民営化などが課題として挙げられていた。とくに郵政民営化は、小泉の九〇年代以来の持論だった。これらの改革によって「知恵を出し、努力をした者が報われる社会」を目指すというのが「骨太の方針」だとされた。公的支出の抑制と民営化推進は、二〇二四年の現代社会から見ればもはや「見慣れた風景」だが、その原型を作ったのが小泉長期政権だった。

小泉純一郎内閣は、圧倒的とも形容し得る世論の後押しを受けてスタートした。発足当初から各マスコミが実施した世論調査では、軒並み八割を超えるという異例の高さの支持率を記録した。とりわけ無党派層の支持率が高かったと言われるが、既存の社会システムとのあいだに心理的に一定の距離があると思われる無党派層の目には、小泉政権が巧みに醸成した改革ムードが魅力的に映ったのかもしれない。[49]

外交では二〇〇二年九月の北朝鮮訪問というビッグ・イベントを実現し、内政では郵政民営化を掲げた二〇〇五年の衆院選で民主党のみならず自民党内の反対派を「守旧派」「抵抗勢力」と呼んで対立した。歴史認識問題では靖国神社への参拝、人事では二〇〇三年九月の自民党総裁選後に安倍晋三を幹事長に抜擢するなど、社会の耳目を集める出来事に事欠かなかった。本章では、小泉の政治的業績とは別に、マス・メディアと小泉自身によって演出された彼の「人格」といわゆる「小泉劇場」の精神性について考察してみたい。

「小泉劇場」の文法

小泉純一郎は「自分の言葉」で語ることができる政治家だ――このような評価があった。小泉は一九九八年の自民党総裁選に立候補したが（総裁に選ばれたのは小渕恵三）、その際の報道では、当時トレンド・セッターとしてよく知られたマーケティング・コンサルタントの西川りゅうじんが、「小泉さんは自分の言葉と政策を持ち、清潔な印象もあるが、敵も多く、党をまとめられるか。変化のためには、バランスよりブルドーザー型の実行力が必要だ」と述べていた。[50]

小泉は二〇〇一年四月に首相に就任したが、その直後には『朝日新聞』が「小泉さん、大いに語れ　代表質問」と題した社説を掲載し、「国会論戦がおもしろくなった。自分の言葉で語ろうとする小泉純一郎首相の新スタイルのおかげである」と書き出している。[51] こうした評価は数多くあるが、最後にもうひとつ事例を挙げておこう。「日本話し方センター」の江川ひろし所長は、小泉の話し方を評して次のように述べた。「話し方が今までの首相と全く違う。まず本音を語っている。今までの政治家の発言はみんな建前で、官僚の書いた文章を朗読していた。その点、小泉首相は自分の言葉でわかりやすい。横文字や漢語も入っていない[52]」。以上のような評価は、発言内容に注目しているが、実際には声を裏返しての絶叫調や身振り手振りなど、発話の形式も、「自分の言葉」で語るという評価に関係していたと思われる。

さて、「自分の言葉」というのは、現代社会の隠れたキーワードになっていると言っても過言ではない。永田町から経済界・学界に至るまでエリート層に共有されている文法というものがあるということを、多くの人びとはよく知っている。言質を取られないために留保を多用したり、わざと曖昧に答えたり、故意に話題を変えたり、業界内だけに通じる言葉を使用したりという文法である。そうした文法が定着しているからこそ、その文法で話さないエリートが「自分の言葉」を話す人として注目されるのである。重要なのは、居酒屋や喫茶店で話している人たちが「自分の言葉」を話す人として注目されることはほとんどないということだ。「自分の言葉」を持っているかどうかは、エリートや指導者のマス・メディア上での話し方について適応される基準に過ぎない。

それでも、この「自分の言葉」は、二〇〇〇年代以降の日本社会の精神性を考えるうえで重要な手がかりになり得るものだ。本章ではこのあとベンチャー企業の経営者を取り上げるし、第四章では大阪維新の会の政治家を取り上げるが、そこでも彼らは「自分の言葉」を持つ者としての個性を打ち出し、それがカリスマ性のひとつの源泉となっていたからである。

小泉純一郎以降の政治指導者や経済的なリーダーたちのなかには、政治討論番組ではなくて、ワイド・ショーやトーク・ショーなどのテレビ番組への出演に積極的な者が散見されるが、それがイメージ戦略であることは改めて指摘するまでもないだろう。マス・メディアはカリスマの「自分の言葉」を流布させる。製作者や編集者、出演者や著者の意図とは別に（もちろん明確な意図がある場合もあるだろうが）、批判的な思考を摘むような力を、文化産業はときとして発揮してしまう。

小泉純一郎がその個性を活かして世論とイメージの大きな流れを作っていくことを「小泉劇場」と呼ぶことがあった。こうした「劇場」は、二〇〇〇年代以降の言論環境を多かれ少なかれ規定するものであり、その規定のうえに「戦争と平和」が語られていくことにもなったということを、ここでは強調しておきたい。

「自己責任論」と排外主義

小泉政権が推進した新自由主義改革の精神性は、狭義の政治・経済とは異なる場所でも強化された。いわゆるイラク人質事件の際の「自己責任論」がそれである。

二〇〇四年四月上旬、イラクで三人の日本人が誘拐された。犯行グループは日本政府に対し、イラク南部のサマワに駐留していた自衛隊を三日以内に撤退するように要求した。従わない場合は、三人の人質を殺すと脅迫したのである。小泉政権は人質の救出に全力を尽くすと述べたが、同時に自衛隊の撤退はあり得ないとも明言した。さらに同じ時期にはバグダッド郊外でふたりの日本人が武装グループに殺害されるという事件が起こった。

人質になった人びとは、無事に四月中に全員解放されたが、ここで問題にしたいのはこの誘拐・脅迫事件を受け止めた日本社会の反応である。

当時の報道によれば、当時環境相だった小池百合子《こいけゆりこ》は「無謀ではないか。一般的に危ないと言われている所にあえて行くのは自分自身の責任の部分が多い」と発言した。総務相だった麻生太郎《あそうたろう》は「卑劣の極みで許し難い。復興支援に自衛隊を派遣しており、(事件が)自衛隊派遣の結果責任というのは当てはまらない」と述べた[53]。また、同年四月一三日付の『読売新聞』

の社説は「三人は事件に巻き込まれたのではなく、自ら危険な地域に飛び込み、今回の事件を招いたのである。／自己責任の自覚を欠いた、無謀かつ無責任な行動が、政府や関係機関などに、大きな無用の負担をかけている。深刻に反省すべき問題である」と主張した。

誘拐事件が起こった当初は複数の情報が錯綜しており、反戦運動が一定の高まりをみせるなかで、政治指導者やマス・メディアが軽挙妄動を戒めるということはあり得るし、脅迫には乗らないという強い姿勢が必要だという意見もあるのだろうが、それにしても「自分自身の責任」や「無責任」という言葉が妥当かどうかは疑問が残る。

ここではふたつのポイントを重視したい。第一は、テロリストとは交渉はしないという強い姿勢が間接的に意味する戦争の変容である。フランス哲学が専門の渡名喜《となき》庸哲《ようてつ》が指摘するように、「対テロ戦争においてもはや交渉が不要なのは、目標が端的に『異常な人物』とされた者の排除・無力化にあるからだ[54]」。つまり、テロリストとは交渉しないという姿勢は、テロリストと名指された者たちの存在をいかなる意味でも認めないと言っているに等しい。

イラク人質事件、厳しい表情で記者の質問に答える小泉首相（当時）。Ⓒ朝日新聞社

そこには現代における「対テロ戦争」の特徴があるのだが、この点についてはのちにドローンとの関係で考察するので、ここでは指摘にとどめておく。

第二のポイントは、このときに起こったいわゆる「自己責任論」が、新自由主義が浸透する二〇〇〇年代の精神性を強化・拡散する機能を果たしたという可能性である。これまでにも述べてきたように、新自由主義は市場の自由をより広く保障しようとする。それは裏を返せば、自らの利害に対する責任をもっぱら個人が負うということだ。これは一面では「自立・自律した主体になるべきだ」というような近代主義的な精神性と相性が良く、他面では長期不況下のサバイバルという九〇年代以来の精神性とも相性が良かった。二〇〇〇年代には、福祉・教育・医療・年金といった分野にまで自由競争原理が導入されようとしていたが、その潮流のなかで、個人の「自己責任」が強調されると、各人の成功や失敗を何らかの社会システム上の問題として捉える見方は退潮する一方だろう。

個人にとってこの世界はサバイバル競争の場である――こうした見方は近代以降にはありふれたものだが、それを過度に強調する言葉が社会内部で共有されるようになると、社会の構成員たる各個人が、自分と社会との関係をより敵対的に捉えることにもなりかねない。軍事的であれ経済的であれ、社会問題が「安全保障」と関連付けて語られれば語られるほど、国家的かつ経済的主体に偏重した自己理解の様態が広がりやすくなる。さらに踏み込んで言えば、自分と社会との敵対的関係を、自国民と他国民との関係に転写しやすくもなるだろう。パワー・ポリティクス的な国際関係の理解を、エリート以外の多数の人びとが内面化し、再生産していく。付け加えるならば、当時急速に広まっていたインターネット上の言論空間は、上記のような理解を卑近な言葉で再生産するのに適していた。

二〇〇〇年代は、排外主義が折に触れて噴出した時代でもあった。二〇〇五年にはマンガ『嫌韓流』が発行され、書店の目立つ場所に並んだ。民族差別や排外主義が、インターネットの言論空間から一般社会に進出するなか、二〇〇六年には「在日特権を許さない市民の会」が設立される。前章で確認したように、九〇代以降、排外主義的で愛国的な歴史認識がメディア文化を通して影響力を持つようになっていた。そうした動向をアカデミズムとジャーナリズムはナショナリズムや歴史修正主義と呼んで批判してきたが、その流れが止まることはなかった。こうした事態のなかにも、新自由主義による主体の再編成のひとつの類型を見出すことができる。

歴史修正主義の物語には一定の「効用」がある。国民の歴史と自分自身を結びつけて、両者をともに肯定してくれるし、ときには自分を叱咤激励してくれる。偏ったものだが、知識を身につけるという「勉強」の喜びもある。こうして、他者との敵対性を養分にしながら、歴史修正主義の物語は肥え太ってきたようにみえる。

『ハウルの動く城』と総力戦

宮崎駿による『ハウルの動く城』（二〇〇四年一一月公開）の製作が本格的に始まったのは、二〇〇三年二月のことだった。[55] しかし、宮崎はそれ以前から構想を温めており、二〇〇二年一〇月には「ハウルの動く城　準備のためのメモ」をまとめている。この「メモ」のなかで宮崎は背景に「近代的な国家間の総力戦」があると記して、次のように続ける。

> ハウルは自由に素直に、他人にかかわらず自分の好きなように生きたい人間です。しかし、国家はそれを許しません。「どちらにつく？」とハウルもソフィーも迫られるのです。その間にも、戦争は姿をあらわします。［中略］総力戦のおそろしさが現実のものとなっていきます。
>
> いったい、ソフィーとハウルはどうするでしょう。この点をキチンと描いた時、『ハウルの動く城』は、二十一世紀に耐える映画になるでしょう。但、ハウルとソフィーが力を合わせて、戦争をやめさせたとか、人々を救ったというような展開は、もっと空虚なものになります。自分達のこれからの生き方も問われる形で、この難題にいどまなくてはなり

ません。[56]

宮崎が戦争を強調している理由は明確である。ちょうど「対テロ戦争」からイラク戦争の開戦にいたる過程と重なっているからだ（なお、ここで宮崎が「総力戦」という言葉を選んでいることについては後述する）。

この作品は、帽子屋の娘・ソフィーと魔法使いのハウルとの交流を描いたファンタジーだが、宮崎駿は原作小説にはない設定を映画に付け加えている。それが戦争だった。兵隊たちが喝采を浴び、愛国主義が幅を利かせる「戦前」を宮崎が舞台に選んだのは、彼の関心と時代背景を考えれば不思議なことではない。前章で確認した湾岸戦争と『紅の豚』の関係が、今度は「対テロ戦争」・イラク戦争と『ハウルの動く城』として再演されたと鑑賞可能である。以下、この作品の戦争表象に注目してみたい。

『ハウルの動く城』劇場公開時ポスター。

映画の冒頭では、兵隊たちに絡まれるソフィーをハウルが救うというかたちでふたりの出会いが描かれる。どこか無個性的な兵士たちに対してハウルが輝いて見える演出には、

ソフィーの住む街が空襲を受ける。©スタジオジブリ

ソフィーを守る美しい主人公としてハウルを強調すると同時に、兵士たちが我が物顔で街を闊歩《かっぽ》する「嫌な時代」を印象付けるという効果があると言える。高貴なエスコート役として登場したハウルだが、物語が進むにつれて見栄っ張りで気が弱く内向的な性格であることが観客にもわかってくる。男性の理想と現実がうまく造形されていると言えるだろう。

さて、戦争が始まると、ハウルの師匠であるマダム・サリマンがハウルに戦争協力を求めるが、ハウルはそれを拒む。反戦的というよりは厭戦的なハウルだったが、(作中では明示されないものの)戦局が悪化して、ソフィーが住む街が空襲を受けると、当初の考えを改める。ハウルはソフィーの身を護るために翻意し、怪鳥や人間戦闘機とでも呼べそうな黒く禍々しい姿に変身して戦場に出るのだった。その後のファンタジー的な展開は割愛するとして、最後の場面を紹介しておこう。映画の最後は、再建されたハウルの城が空を飛び、そこでソフィーとハウルが口づけをする場面だが、より低空には城とは逆方向に進む戦艦が映し出されてもいる。また次の戦争が始まろうとしているのだ——。

復員兵としてのハウル

　この結末部が示しているのは、「自分たちの平和」と「それ以外の戦争」というかたちで「平和」と「戦争」が両立するという、見方によってはたいへん平凡な認識であるかのように映る。それはそれで、きわめて戦後日本的であり、「復員兵」としてのハウルが、世界に背を向けて平和なマイホームたる「動く城」に閉じこもると理解するならば、そこには表層的な意味でのジブリの「戦後日本の国民性」が刻印されているとは言えるだろう。

　しかし、『ハウルの動く城』が、多くの観客に支持された理由は、それだけではないはずだ。戦争の時代をソフィーとハウルはどのように生きるのか？　それを「自分達のこれからの生き方も問われる形」で描くと述べていた宮崎が、まずは自分たちの「平和」が大切だという当たり前のことを、しかも『紅の豚』で一度扱った主題を、そのまま繰り返すとは思えない。もう少し踏み込んで考えてみよう。ポイントとなるのは、ハウルの戦場体験である。

　そもそも『ハウルの動く城』と『紅の豚』は、主人公による物語内の現実とのコミットという点で、明らかな違いがある。空間的にも精神的にも俗世とは距離を置く点や、女性が現実への回路になる点でハウルとポルコはよく似ているが、国家を背負って飛ぶことを拒否して豚に

戦闘機のような鳥に変化したハウルとソフィー。Ⓒスタジオジブリ

なったポルコとは異なり、ハウルはソフィーを守るために戦場に出る。自分の力が国家の暴力として機能してしまうことを知りながら、ハウルは主観的には大切な人のために戦うのである。[57]

作中にはハウルが直接的に人を殺める描写はない。それでも、ハウルの戦いは戦場における国家の暴力と個人の暴力というふたつの位相をわかりやすく表している。重要なのはふたつの位相の暴力が特定個人の兵士の身体と精神を通して発動するということだろう。その異様さと悲哀を、戦闘機のような鳥に禍々しく変わってしまったハウルの身体を通して宮崎は描こうとしていたとも理解できる。この点は、兵士という主体を考える際に、何度でも立ち返って咀嚼する必要があるように思われる。もう一点、この作品の戦争描写の特徴を指摘しておこう。それは、ハウルが兵士として参加する戦争について、誰が何のために始めたものなのか、観客にはまったく示されないという特徴である。ハウルもサリマンも匿名の兵士たちも、戦争の当事者であるはずなのに、誰もが当事者でないような表情で戦争の時代を生きているのだ。

「対テロ戦争」とドローン

『ハウルの動く城』の準備のための「メモ」のなかで、宮崎が「総力戦」を強調していたということは、さきに触れた通りである。二度の世界大戦として戦われた「総力戦」は、二〇世紀に想定されていた戦争の形態をもっともわかりやすく表す言葉だが、実は『ハウルの動く城』と同時代の戦争は、「総力戦」時代とは明らかに異なる様相を呈していた。そう言える理由は、「対テロ戦争」とドローンというふたつの要素があるからだ。

「対テロ戦争」から確認しよう。その特徴を整理する前に、「テロ」と「戦争」という言葉に注意を払う必要がある。まずは「テロ」という言葉について。これは実に定義しがたい言葉である。歴史を振り返れば、暴力によって社会変革を成し遂げた事例があるが、その暴力は当初は旧体制側にとっては秩序を脅かす不当・不法の暴力だとみなされるものの、社会変革後は勇気ある正義の暴力だとみなされるということが起こる。こうした事例を考慮に入れれば、いつ誰が何を「テロ」と呼ぶのかは、その言葉を使用するものの戦略に依存するということがわかるだろう。言うまでもなく、この問題はイスラム原理主義者の不法な暴力行為の評価とは別の位相に属する問題だ。

次に「戦争」である。テロリストとの戦いに「戦争」という言葉が使われたが、当然ながらテロリスト集団は組織ではあっても国家ではない。主権国家同士の武力衝突を「戦争」と呼んできた近代社会の経験に照らしたとき、テロとの戦いは「戦争」なのかという疑問が生じる。にもかかわらず「戦争」という言葉が使用されたのは、自分たちの復讐を正当なものとして捉えたいという願望の表れとしても理解可能だ。

では「対テロ戦争」の特徴とは何か。すでにネグリとハートが『マルチチュード』（上下巻、NHK出版、二〇〇五年。原著は二〇〇四年）で指摘したように、また、二〇〇〇年代初頭の雑誌『現代思想』で多様に議論されたように、その特徴は時間と空間にある。始まりと終わりが不明確で、戦場と非戦場の区別も不明確だという意味である。「テロとの戦い」が「テロの可能性を摘むこと」を含むと考えれば、監視と軍事行動が日常化するのは避けられない。市民が「治安」のために警察による日常的な各種の監視を概ね受け入れるというのは近代国家に共通する傾向だが、「対テロ戦争」の場合は国内外でテロ攻撃が突然始まるかもしれないという危機感が増大するのだから、どこにテロリストがいるのか、テロリストはいま何をしているのか、というようにテロリストを常に索敵・監視することは、「対テロ戦争」の時代の軍事行動の一部をなすと同時に、市民の「治安」のためにも重要な要素となる。

軍事行為としての索敵・監視が日常に及ぶのだとすれば、その「戦争」はもはや明確な始まりと終わりを持たないということになる。ましてや、相手は国家ではなく、政府も領土も持たない組織である。テロリストの根絶を目標に掲げても、根絶の証明は誰にもできない。明確な終わりを決めることは困難だろう。終わりがないということは、実質的には勝利も敗北もない。そこにあるのは主観的・瞬間的・部分的な「成功／失敗」であり、「勝った」と言い張る空しい言論だろう。

また、戦場と非戦場の区別も曖昧になる。そのことは、奇しくも当時の小泉純一郎首相が国民に呼びかけた言葉と一致する。小泉は、二〇〇四年三月に「国民の皆さんも日頃から外出する際にも心構えというか、どの地域でもテロは起こる可能性はある。ご自身の注意はもちろん、社会全体を自分たちで守るという認識を持ってほしい」と述べていたからだ。[58]

首相「テロ、心構えを」

郵政民営化準備室長　前農水次官を起用

テロへの心構えを呼びかける小泉純一郎首相（当時）の会見を報道した記事。『朝日新聞』2004年3月27日

話を戻せば、ネグリとハートはグローバルな「内戦」状態における警察的な監視権力の行使に新時代の戦争の特徴を捉えていた。また、『ドローンの哲学』の著者であるグレゴワール・シャマユーは、「全世界が戦場となったと言われるが、おそらく、全世界が狩猟場となったと言うほうがいっそう正確だろう」と述べたが、確かに「狩り」という概念は、対

テロ戦争の実態をうまく捉えているように思われる。[59]

ここで、「狩り」という概念の含意について、社会学者の吉見俊哉の議論を参照しながら、立ち止まって考えてみたい。そもそも「狩り」という言葉が使われる際、「狩り」の対象は人間以外の動物を指すのが通例である（それゆえ、「人間狩り」「奴隷狩り」という言葉が衝撃的なものになる）。では、「狩り」という概念が現代の「戦争の文化」と相性が良いのはなぜなのか。吉見は現代の戦争がかつての植民地戦争に近いものへと回帰しているのではないかと述べたことがある。[60]核兵器による全面戦争が常に警戒されていた冷戦の時代とは異なり、現代の戦争は安全な場所にいる超大国の兵士が敵対勢力をミサイルやドローンで殲滅する局所的戦争に変化していると整理したうえで、攻撃する側とされる側のあいだにある著しい不均衡・非対称に注目し、そこに吉見は「植民地戦争に近いもの」を見出しているのである。シャマユーと吉見の議論を踏まえれば、かつての宗主国と植民地のあいだに存在した権力関係や人間集団のランク付けが、現代の戦争においても表面的なかたちを変えつつ本質的には再生産されている様相を、「狩り」という言葉で的確に把握することができる。そうした権力関係は、テロリストと名指された集団の属性を他の集団に適応して、「人間ではない」と見なすという偏見・蔑視を生むおそれを常に抱えている。

次にドローンについて考えてみよう。ドローンとは、遠隔操作や自動制御が可能な移動物体を指し、そこに人が乗っていないことを特徴とする。さらにミサイルとは異なり、敵と味方を一方通行で繋ぐのではなく、両者のあいだを行き来する。日本ではもっぱら撮影や運搬に利用される飛行隊を指してドローンという言葉が使われているが、この言葉の由来はアメリカの軍事にある。一九九〇年代から二〇〇〇年代のアメリカの紛争・戦争は、比喩的に言えばドローンの試験場でもあった。一九九九年、コソボで偵察用ドローン「プレデター」が実戦配備され、対テロ戦争時のアフガニスタンで「活躍」し、イラク戦争では偵察だけでなく武装したドローンが実戦配備されるに至った。[61]紛争・戦争における索敵から標的の排除までが高度に情報化され、遠隔化される時代が到来したのである。

ふたたびシャマユーを参照すれば、アメリカのドローン戦闘機は公式には平和状態にあるとされる国でも展開されており、たとえばパキスタンではCIAのドローンが、二〇〇四年から二〇一二年のあいだに二六四〇人から三四七四人もの人間を「テロリスト」として殺害したとのことだ。[62]他国の領土内であっても、「危険」で「狂信的」な「テロリスト」を排除できてしまう。にもかかわらず、ドローン戦闘機はそれを使う側に言わせれば「人道的」な武器である。なぜなら、「こちら側」の人間が死ぬことはないのだから。

ここには、明らかに宮﨑駿の想定とは異なる戦場がある。飛行機の戦争に話を限定すれば、宮﨑駿が想定していた総力戦時代の戦争では、戦闘機に人間が搭乗するのは当たり前のことだった。ハウルは「人間戦闘機」的な形象に化けて戦場に出るが、これも同様の発想である。そこでは、パイロット自身が危険に身をさらし、物理的暴力がパイロットの身体と精神を通して表れるのであり、その意味では「人間的」な要素が残っていた。たとえ「作戦」というシステムによって統制された戦闘や、焼夷弾《しょういだん》や原爆を投下するだけの任務であったとしても、パイロットはロボットではない人間なのだから、そこには兵士個人の矜持《きょうじ》や思想が生きている。もちろん、上官の命令と各兵士の主体性の配分は時と場合によって異なるわけで、戦争裁判で「命令に従っただけだ」として無罪を主張する例があることはよく知られる。それとは逆に、具体的な戦闘においては、兵士の機転や犠牲精神が発揮されることもあった。戦闘機のパイロットが騎士道物語的な英雄として表象される事例を、私たちは多数知っているはずだ。

しかしながら、「対テロ戦争」やドローン戦争においては、そうした「人間的」側面はいっそう限定的で見えにくいものとなる。限定的で見えにくいというのは、遠隔操作であっても、操縦士は極度の緊張を強いられるからだ。そのあたりの事情は、少し時代は異なるが、たとえばイギリス映画『アイ・イン・ザ・スカイ』(二〇一五年)が詳細に描写している。映画のなかでは、ドローン操縦士がコンテナのような疑似的コックピットに入って、長時間モニターに向かいながらケニアのテロリストの掃討作戦に従事している。操縦士が負う精神的・身体的なストレスは、撃つか撃たないかの判断を迫られた操縦士が、とうとう嘔吐してしまう場面を通して描かれていた。この映画の邦題のサブタイトルは「世界一安全な戦場」なのだが、嘔吐の場面が示すように、「安全」な場所であっても、限定的で見えにくくても、戦場が自国の兵士をも追いつめるという点が強調されていた。

戦場の「近さ」と「遠さ」

「対テロ戦争」とイラク戦争に話を戻せば、戦場と実存との関係を嘔吐というある意味では古典的とも言える表象を通じて問題化した作品は日本にもある。劇作家の岡田《おかだ》利規《としき》の「三月の5日間」（二〇〇四年初演、〇五年に小説が発表、一七年には「リクリエイテッド版」が発表された）である。「三月の5日間」の戯曲は岸田《きしだ》國士《くにお》戯曲賞を受賞し、この作品を含む小説集は大江健三郎賞を受賞した。「対テロ戦争」からイラク戦争の時代の日本から生まれたすぐれた表現であり、日本における戦争の受け止め方を考える際の手がかりを与えてくれる作品である。

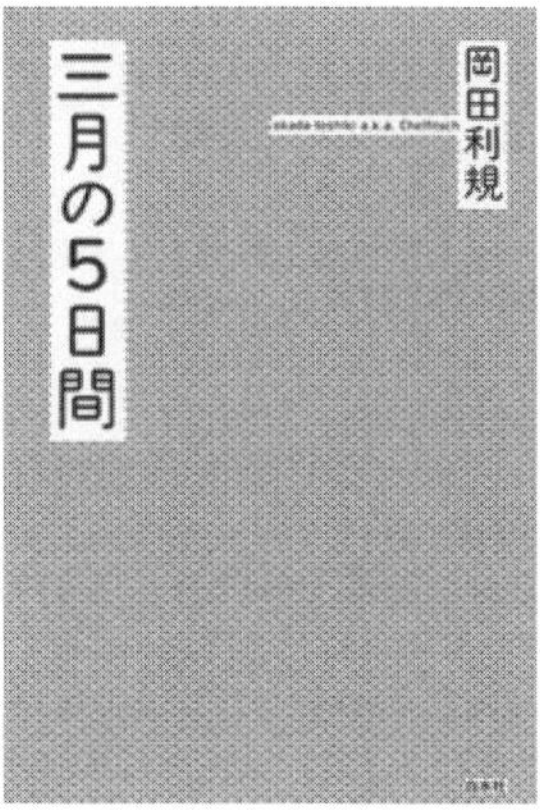

岡田利規著『三月の５日間』（白水社、2005年）

この作品は、二〇〇三年三月のラブホテルでの五日間に時空間が設定されている。ライブハウスで知り合った若い男女が、渋谷のラブホテルで五日間を過ごすのである。ちょうど同じタイミングで、イラク戦争が勃発する。摩擦で性器が痛くなるほど性行為を繰り返したふたりは、五日後にラブホテルから出て別れる。その後、久しぶりに外に出た若い女は、路上で脱糞するホームレスを目にして、嘔吐してしまうのだった。

ふたりのすさまじい性行為とイラクの戦争との関係は明示されないが、それでも読者に両者のつながりを濃密に感じさせるよう、作者は仕掛けを張りめぐらせている。自らの生存を確認するために残されたのは身体的快楽しかないのに、どれだけ求めてもそれは満たされない。生殖とも宗教的恍惚とも決して結びつかない身体的快楽を、戦争と対置しておきながら、両者の関連については語られない。また、男女が能動的に行為を求めているのか、受動的反復なのかも、あえて不明瞭なままに置かれている。テレビが伝える戦争とラブホテルのなかのふたつの実存との距離は埋まらないし、そもそも埋めるべきなのかどうかもわからないが、どこか不安な気持ちは膨らんでいく。小説は、ふたりの若者が抱いた世界と自身に対する強烈な違和感を、ホームレスという社会の格差を巧妙に書き込みつつ、克明に描いている。

以上のように、「三月の5日間」は当時の日本における「戦争のリアル」の一端を表すものとして評価できるが、この作品の意義をもう少し踏み込んで説明するために、ここでは補助線として同時代のアメリカ映画を取り上げてみよう。俳優のメル・ギブソンが監督した『パッションヨン』(二〇〇四年)である。キリストの受難の物語をリアルに描いたこの作品は、観客がカトリックかプロテスタントかを問わず毀誉褒貶《きよほうへん》を引き起こしながら、アメリカで興行的成功を収めるとともに、「対テロ戦争」からイラク戦争に突き進んでいた二〇〇四年の映画界における最大の話題作となった。この作品が話題になった理由は、社会学者の大澤真幸が述べたように、メル・ギブソン個人の愛国的姿勢が関心を集めたというだけではなく、キリスト教徒の起源にある受難の神話を再確認したいという集団の欲望にうまく応えたからだろう。[63] 血を流して苦しむキリストの身体をリアルに撮ったこの映画は、宗教的情熱という点で、イスラム教に対抗できるものが自分たちにもあるのだと思わせてくれる表現だったからだ。中東での戦争に対する直接的な反応だったと言っていい。

これに対して岡田利規が「三月の5日間」で描いた戦争への反応は、より曖昧でより入り組んでいる。作中を貫いているのは、「どのように反応すればよいのかわからない」という戸惑いであり、それは読者にも伝染する。この小説を読み終わったときに「この作品をどのように読めばよいのかわからない」と感じる者は多いだろうが、解釈の一例を挙げるならば、対テロ戦争の時代において、従来の遠近法とは異なる形式で戦争をめぐる実存的不安を提示した作品としても理解できるだろう。

「こころ」と教育改革

「対テロ戦争」からイラク戦争の時代は、日本の教育改革が静かに、しかし着実に進んでいた時代でもあった。前章の最後にも確認したが、一九九〇年代末には教育改革への布石が打たれていた。その布石が、本格的に機能する局面が到来しつつあったのである。

改革の成果をある意味ではわかりやすく示していたのが、「心のノート」だった。二〇〇二年四月、文部科学省は道徳教育の補助教材として「心のノート」と呼ばれる冊子を全国の小、中学校の生徒に無償配布した（小学校用三冊、中学校用一冊）。「心のノート」の新しさはその形式にあった。生徒に呼びかけるような語り口、イラストレーションの多用、文字の配置などに工夫があり、教科書とは異なる補助教材としては異色のものだった。

補助教材であるため、教科書検定の審査を通過する必要はない。執筆者の名前も明記されていない。ただし、「心のノート」が「心のノート作成協力者会議」の意見を集約したものだということはわかっている。「心のノート作成協力者会議」の座長は、心理学者で二〇〇二年から文化庁長官も務めた河合隼雄だった。河合の存在を考慮すれば、この異例の補助教材は一九九〇年代末以来の「教育改革国民会議」や「中央教育審議会」の活動と、「こころの時代」とも言える心理主義の隆盛とが合流して形になったものと理解できる。では、「心のノート」の内容はどのようなものだったのか。ここでは小学校一・二年生用と中学生用の構成を確認する。

小学一・二年生用の構成は、「むねを　はって　いこう」「心と　心を　むすぼう」「いのちに　ふれよう」「みんなと　気もちよく　いよう」。中学生用の構成は、「自分を見つめ伸ばして」「思いやる心を」「この地球《ほし》に生まれて」「社会に生きる一員として」となっている。自分から社会へと同心円状に広げて個人と公共への関心を強化しようとするもので、これ自体は教育の常識の範囲内と言えるだろう。他方で、中学生用には「ふるさとを愛する気持ちをひとまわり広げると　それは日本を愛する気持ちにつながってくる。私たちが暮らすこの国を愛しその発展を願う気持ちは、ごく自然なこと」という文言があった。日本国の義務教育段階の補助教材なのだから当然だという意見もあるだろうが、グローバル化が進み多様な背景を持つ子どもが増える時代の教育として、愛国心を「自然なこと」と表記するのが、どの程度合理的なのかという疑問は拭えない。グローバル化の反動としてのナショナリズムが九〇年代以来、多方面で表面化していたのはすでに確認したとおりだが、それを考慮すれば、この「心のノート」が警戒心を持って受け止められたのも理由がないわけではなかった。

さらに、二〇〇二年度から始まった新学習指導要領のもとで、小学六年生の社会科で「国を愛する心情」を育むことが目標のひとつに設定された。これは大枠の目標であって、実際の指導や評価方法は各学校長の裁量にゆだねられたが、実際に通知表の項目に取り入れる学校もあった。当時の『読売新聞』の調査から、福岡市の事例を紹介しておこう。

新学習指導要領を受けた福岡市の校長会は、通知表の評価項目の試案として「国を愛する心情を持つとともに、平和を願う世界の中の日本人としての自覚を持とうとする」という文言を提示した。これに基づき、市内一四四校のうち六九校が「愛国心」や「日本人としての自覚」についての項目を盛り込み、A～Cの三段階で評価していたという。[64]

義務教育の現場で「心のノート」が配布され、愛国心が評価項目に入り込んだのと並行して、教育基本法を改正する動きも進んでいた。一九四七年に施行された教育基本法の前文は次のように始まる。

われらは、さきに、日本国憲法を確定し、民主的で文化的な国家を建設して、世界の平和と人類の福祉に貢献しようとする決意を示した。この理想の実現は、根本において教育の力にまつべきものである。

われらは、個人の尊厳を重んじ、真理と平和を希求する人間の育成を期するとともに、普遍的にしてしかも個性ゆたかな文化の創造をめざす教育を普及徹底しなければならない。

憲法との結びつきを強調しつつ、「平和」の語が二度も使用されていることからもわかるように、教育基本法は、日本国憲法と並んで戦後民主主義的な理念を示す法律として認識されてきた。

教育基本法の改正については、反対運動が盛り上がったが、最終的には二〇〇六年九月に誕生した第一次安倍晋三内閣が改正を実現する。二〇〇六年一二月、「国を愛する心」「伝統の尊重」などを盛り込んで、教育基本法が改正されるのである。その直後の二〇〇七年一月、安倍首相は施政方針演説で「新しい国づくりに向け、国の姿、形を語る憲法の改正についての議論を深めるべきです。日本国憲法の改正手続きに関する法律案の今国会での成立を強く期待しております」と述べた。「戦後レジームからの脱却」を進めると宣言していた安倍晋三と彼を熱心に支持する人びとは、教育基本法改正の先に憲法改正を見据えていた。

加藤周一と「九条の会」

教育基本法の改正に反対していた団体は多いが、そのなかでも重要な役割を果たしたのが「九条の会」だった。「九条の会」が発足したのは二〇〇四年六月である。なぜこの時期だったのか。直接的には二〇〇〇年代初頭に進んだ一連の出来事を背景にしていたとみるべきだろう。ここでは、「九条の会」の前史を二筋の流れに整理しておく。

第一に、二〇〇〇年一月に衆参両院で活動を始めた憲法調査会である。とりわけ、社会の注目を集めたのは、二〇〇〇年一一月に開催された参考人を交えた議論だった。衆院で石原慎太郎と櫻井《さくらい》よしこを、参院で西部邁《にしべすすむ》・佐高信《さたかまこと》・加藤周一《かとうしゅういち》らを参考人として招致し、憲法九条に関わる議論が行われた。のちに「九条の会」の立ち上げに際して主導的役割をはたした加藤周一の発言の要旨を、当時の報道から確認しておこう。

自衛隊が憲法と矛盾するという。しかし、一般論でいえば、現実とのかい離は法律の存在理由だ。どろぼうがいなければ刑法はいらない。徹底した平和主義は世界を先取りしているだけでなく、日本の将来にとって有効な施策を憲法が先取りしている。憲法に表れていることを実現することが日本の将来を開く。これは米国憲法と公民権の関係に似ている。人種の平等をうたっているが、米国は憲法を変えて人種差別の現実に合わせようとはしなかった。そして公民権運動は一九六〇年代から七〇年代に大きな成果を上げた。[65]

加藤は、現実との齟齬《そご》を理由に改憲の必要性を説くという発想を根本的に批判している。むしろ、現実との乖離《かいり》は法の存在意義だと言うのである。さらに、アメリカの憲法と公民権運動との関係を類比的に持ち出す点には、戦後世界の経験を踏まえようとする視野の広い思想を読み取ることができるのだが、それはいったん措く。ここでは、二〇〇〇年に政治の側が九条改憲というアジェンダを設定したという事実を確認するにとどめたい。以後、二〇〇〇年代初頭には憲法や平和論をめぐる関心が一定の高まりをみせた。

第二の背景は、その後のアメリカが主導した対テロ戦争からイラク戦争と、それらへの日本の関与である。ここでも、加藤周一の言葉を引いておこう。二〇〇四年四月一五日付の『朝日新聞』に掲載された連載エッセイ「夕陽妄語《せきようもうご》」の一節である。

日本では一三年前に「あぶく経済」がはじけ、ＰＫＯ参加の話が始まっていたが、今では「首切り」が日常化し、自衛隊を戦場へ送って、憲法九条改定の計画が公然と語られている。思えば、戦後日本の歴史は、「安保」が次第に「九条」を侵蝕してゆく過程であった。その過程がこの十余年の間に加速的に進んだのである[66]。

以上にみたように、加藤周一は改憲の機運の高まりにも、中東での戦争への対応にも関心を払っていた。それを直接の背景として「九条の会」が構想されたのだろう。そして、二〇〇四年六月一〇日に「九条の会」発足の記者会見が開かれ、アピール文が公表されたのである。

「戦後ずっと考えていたこと」

「九条の会」の呼びかけ人の名前を年齢順に記すと次の通りである。三木《みき》睦子《むつこ》、加藤周一、鶴見俊輔《つるみしゅんすけ》、梅原猛《うめはらたけし》、奥平康弘《おくだいらやすひろ》、澤地《さわち》久枝《ひさえ》、小田《お だ》実《まこと》、井上ひさし、大江健三郎の九名。いずれも大きな影響力を有する言論人、社会活動家たちだった。

アピール文の原案を作成したのは加藤周一と大江健三郎だった。アピール文は、九条の会のＨＰで閲覧可能であるため、以下には本書の議論と関わる部分だけを引用する。

憲法制定から半世紀以上を経たいま、九条を中心に日本国憲法を「改正」しようとする動きが、かつてない規模と強さで台頭しています。その意図は、日本を、アメリカに従って「戦争をする国」に変えるところにあります。そのために、集団的自衛権の容認、自衛隊の海外派兵と武力の行使など、憲法上の拘束を実際上破ってきています。また、非核三原則や武器輸出の禁止などの重要施策を無きものにしようとしています。そして、子どもたちを「戦争をする国」を担う者にするために、教育基本法をも変えようとしています。これは、日本国憲法が実現しようとしてきた、武力によらない紛争解決をめざす国の在り方を根本的に転換し、軍事優先の国家へ向かう道を歩むものです。私たちは、この転換を許すことはできません。

この部分は、反戦感情に訴えかける護憲論の典型として読むことができる。アピール文には、「憲法九条に基づき、アジアをはじめとする諸国民との友好と協力関係を発展させ、アメリカとの軍事同盟だけを優先する外交を転換し、世界の歴史の流れに、自主性を発揮して現実的にかかわっていくことが求められています」という文言もあるが、これもまた、一九五〇年代以来の平和運動や日米安保体制のオルタナティブを構想した知識人たちの主張と同型である。

記者会見での質疑応答では、なぜこのタイミングで会が結成されたのかという記者からの質問が出た。すでに確認したように、直接の要因としては二〇〇〇年代初頭の一連の動きがあったが、加藤周一は別の答え方をしている。「経緯ということで言えば、それは日本戦後史ですよ」と。

昨日思いついたことじゃない。ここにいる人たちにとっては、戦後ずっと考えていたことですよ。目をつぶっていたわけじゃない。何が日本国に起こっているのかといえば、それは「なし崩し改憲」でしょ。そして条文をいよいよ変えようということにまで及んできたときに、こちら側もできるだけの抵抗をしたいということですよね。[67]

加藤にしてみれば、戦後六〇年の時間とは、紛争解決のための軍事力の行使に対する制限が緩み続けた時代だった。その意味で、「戦後ずっと考えていたことですよ」というのはその通りだろう。それは裏を返せば、基本的な理念に関わる部分で、「九条の会」に新しい主張を見出すのは難しいということを、加藤自身が認めているということでもある。インターネットを利用した会の活動や全国的ネットワークの形成・維持の方法に現代性は認められるものの、その主張に関していえば戦争体験世代と直接その薫陶《くんとう》を受けた世代にとっては「ずっと考えていたこと」だった。

「九条の会」の幅の広さを示す人物として、呼びかけ人の梅原猛と三木睦子がいる。このことが示すように、各人の思想信条に踏み込めば、当然ながらそこには多様な思想があるが、記者会見の発言で注目に値するのは哲学者で評論家の鶴見俊輔の言葉である。鶴見は、GHQの民政局の一員として日本国憲法の草案作成に関わったベアテ・シロタ・ゴードンを高く評価していた。鶴見は「九条の会」発足の記者会見で、GHQによる日本国憲法の一次草案に言及している。鶴見が触れたのは、ベアテ・シロタ・ゴードンが関わったとされる第六条の「すべての自然人は、法の前に平等である」の文言、同じく第二一条の「すべての子は、その出生の条件のいかんにかかわらず、個人としての成長のため平等の機会が与えられなければならない」の文言だった。

鶴見は、これらの条文が残っていれば、日本における在日朝鮮人差別や非嫡出子の問題などは解消に向かっていたのではないかと述べたうえで、現状の日本国憲法をただ守るというのではなく、そこから議論を起こし、場合によっては「加憲」も必要だという認識を示して次のように述べた。「こういうことを含めると私は論憲、加憲の立場ですが、しかしだから全体を改定すればいいじゃないかという立場には立ちません。争点は九条を護るか護らないかというところに焦点をおきますと、私は九条を護ったほうがいいという考え方に立っています」と。[68]

戦後と憲法をたんに護るべきものとして固定的に捉えるのではなく、戦後と憲法に対する批判を投げかけつつ、それでも九条は護ったほうがいいと総論ではアピール文に賛同している。

鶴見は戦後の「思想の科学研究会」から、六〇年安保の際の「声なき声の会」、その後の「べ平連」にいたるまで、個人的原則を堅持しながら実践においては柔軟に動いて集団の形成・維持に貢献してきたが、その鶴見の面目躍如たるコメントだった。

話がやや脇道にそれるが、このような鶴見の「加憲」の発想をさらに推し進めたのが、鶴見とも交流が深かった加藤典洋《かとうのりひろ》の『9条の戦後史』(筑摩書房、二〇二一年)だった。同書のなかで加藤は、「親米的自立」として日米安保の解消を模索し、平和主義の徹底化のために九条の改正案を提示した。しかし、加藤も鶴見もいまは亡く、「左派からの改憲」提案は宙に浮いたままではないか。

話を「九条の会」の結成に戻そう。結成後に目立ったのは、呼びかけ人たちの積極的発言である。全国各地での講演会に加え、マス・メディア上での発言も多かった。『現代思想』は二〇〇四年一〇月号で特集「日本国憲法」を組み、井上ひさしと小森陽一の対談「憲法を語る」を載せている。二〇〇六年には、太田光《おおたひかり》と中沢新一《なかざわしんいち》が『憲法九条を世界遺産に』(集英社)を、内田樹《うちだたつる》・小田嶋隆《おだじまたかし》・平川克美《ひらかわかつみ》・町山智浩《まちやまともひろ》の四人が『9条どうでしょう』(毎日新聞社)を上梓して話題になったが、同書の企画も二〇〇〇年代半ばに高まった改憲の機運とそれへの対抗という文脈上にあったと理解できる。

しかしながら、同時代にはまったく別の場所で、より影響力のある言論の波が押し寄せていた。それは、ベンチャー企業の若き創業者たちの言論である。

ベンチャー企業の経営者たち

経済学者のシュンペーターが提示した企業家像は、斬新な製品を生み出すイノベーションによって新たな市場を開拓する経営者だった。では、現代の企業家像はどのようなものだろうか。斬新な製品を生み出す創造性よりも、企業の合併・買収によって事業を拡大する抜け目のない経営者としての側面と、マス・メディアと結びついたカリスマ的魅力が、企業家像の典型として認知されていると言える。ジャーナリズムは特定の起業家にカリスマ的オーラをまとわせ、起業家自身もそれをうまく活用していく。

少なくとも日本国内に限っていえば、二〇〇〇年代には市場にパラダイムチェンジをもたらすかにみえた起業家たちが揃って注目された。たとえば、孫正義《そんまさよし》（一九五七年生まれ）、三木谷浩史《みきたにひろし》（一九六五年生まれ）、堀江貴文《ほりえたかふみ》（一九七二年生まれ）、藤田晋《ふじたすすむ》（一九七三年生まれ）などの比較的若い男性起業家たちである。彼らの特徴はＩＴ（インフォメーション・テクノロジー）への関心と、企業の合併・買収によって事業領域を広げる手法だった。

折しも小泉政権下では「ＩＴ革命」が連呼されていた。二〇〇〇年代は「自己責任」が言われた時代だったということもすでに本章の最初に確認したとおりである。時代の変化と一致した彼らの成功は、起業というリスクを取ったがゆえに達成されたのであり、その意味では「自己責任論」と相性が良かった。「成功者」の言葉や思想が一種の「教養」（あるいは自己啓発）として注目されるという現象はいつの時代も存在するが、彼らは二〇〇〇年代の日本における「成功者」を代表する存在だったということは間違いないだろう。

彼らのなかで、二〇〇〇年代の日本社会の精神性をもっともよく体現したのは、堀江貴文だろう。二〇〇四年六月、プロ野球球団・近鉄の買収に名乗りをあげて一躍「時の人」となった堀江は当時まだ三一歳だった。堀江は取材のなかで次のように口にしたことがある。「『おカネで買えない価値がある』なんて言うのは、自分が努力しないことに対する逃げ、自分の才能が足りないことを認めたくない逃げですよ」と。[69]

ここでもう一度、九〇年代末に設置された「経済戦略会議」による一九九九年の答申書を思い出してみたい。答申書は、「公的部門のスリム化・効率化」「努力したものが報われる公正な税制改革」「創造的な人材を育成する教育改革」を提言していた。これらの提言と、持ち上げられたベンチャー企業家たちとのあいだに直接的な因果関係はない。しかし、ベンチャー企業家たちを称揚するマス・メディアの雰囲気づくりや、彼らに喝采を送る政財界の一部は、答申書の提言を実現するために必要な新自由主義的な精神性を醸成する役割を率先して果たしていたのだった。ここにもやはり、九〇年代の「成果」があったのである。

一木一草の新自由主義

新自由主義的な制度改革の機運の高まりと部分的な実現については第二章ですでに確認したが、精神史的考察という観点からすれば、二〇〇〇年代は日本社会の構成員が新自由主義に自ら進んで適応していく時代だったと言える。日常生活のすみずみまで新自由主義時代の企業家的思想が浸透することを、かなりの程度で受け入れていった時代だった。

特定の考え方が広く浸透するには、諸個人の価値観や欲望に訴えかけるような仕掛けが必要である。この場合の仕掛けとは、政治家や財界人などのエリート層だけでなく、またマス・メディアだけでなく、家族や友人関係や学校や職場などの日常的コミュニティにおける経験をも通して、個人と法人の自由を推進し、「勝ち組」になろうとするという一種の思想的「キャンペーン」を指す。新自由主義的精神性は個人の自由という究極の「正義」を一面では掲げているため、いったん定着してしまうと、それ以外の世界認識の方法はあり得ないかのように思えてしまう。ルールそのものがオカシイのではないかという根本的な疑問をあらかじめ萎縮させてしまいかねない。

さて、この世界を弱肉強食のサバイバルの場として把握するように迫る新自由主義的精神性が、諸国家のハード・パワーとソフト・パワーの衝突の場所として国際関係を捉える理解の方法と相性が良いのは明らかだろう。そうした世界理解が強固に内面化されたということは、「リスクを取る」とか「リスク・ヘッジ」という言葉が日常語になったことからもうかがい知ることができる。各主体が常に変動する状況に適切に対応し続けねばならないというのはいつの時代もある程度存在する規範だが、その規範はいっそう強まることになる。そうなると、たとえば平和運動は「戦争反対を唱えているだけで安全保障環境の変化に適切に対応できていない」として冷笑・嘲笑の対象にもなる。むろん、平和運動に対する冷笑は戦後一貫して存在するが、冷笑するための技法が、新自由主義によってより「高度化」するのだった。

非正規雇用と「戦争」

一九九〇年代以降の日本社会においては、非正規雇用の比率が基本的に右肩上がりで増加していた。総務省の調査によれば、一九八四年には一五・三%の六〇四万人だったが、一九九四年には二〇・三%の九七一万人、二〇〇四年には三一・四%の一五六四万人、二〇一一年には三五%を超えて一八一二万人が非正規雇用の労働者だった。[70]

増加し続ける非正規雇用の問題は、二〇〇〇年代中頃になって、貧困や格差社会という言葉ともに、深刻な社会問題として受け止められるようになった。二〇〇六年七月、NHKが『ワーキングプア～働いても働いても豊かになれない～』を放映し、あらゆる年代の人びとが直面する「貧困」の問題を取り上げて話題を呼んだ。さらに、『朝日新聞』は、二〇〇七年一月一日から一二日まで、特集記事「ロストジェネレーション」を掲載し、一九七二年から八二年生まれ（当時二五歳から三五歳）の世代を「新たな価値観を求めて『さまよう世代』という意味を込め」て「ロストジェネレーション」と呼んだ。これにより、「ロストジェネレーション」や「失われた一〇年」という言葉が日本社会に定着し、九〇年代の就職氷河期に大学を卒業後、非正規雇用の職を短期間で変えていかざるを得ず、それゆえ不安定な経済状況に置かれた人びとの存在が社会課題として認識されるようになった。

ほとんど同じタイミングで、赤木《あかぎ》智弘《ともひろ》による論考「『丸山眞男』をひっぱたきたい　31歳、フリーター。希望は、戦争。」（『論座』二〇〇七年一月号）が発表された。赤木はこの論考のなかで、「平和」な社会のなかで固定化された経済格差や一種の身分格差をリセットする方法は、もはや戦争しか考えられないと述べた。「戦争しかない」と思うほど追いつめられてしまった心情の吐露だった。赤木の論考は、この世代の怒りと叫びを表現していると話題になり、『論座』を代表する論考のひとつとなった。戦争を待望するかのような赤木の議論からは、格差社会における「負け組」の情念だけでなく、二〇〇〇年代の感受性が捉えた「戦争と平和」の様態を読み取ることができる。

赤木の論考は反発も含めてややセンセーショナルな現象を巻き起こしたが、その理由は、たんに彼が持ち出した戦争という言葉にあったのではなく、彼の議論の前提に社会的連帯に対する無関心や無力感があったからではないだろうか。前章で村上春樹について述べたところで、彼の作品に顕著な「孤独」について注意を喚起したように、そうした規範はすでにリアリティを失っていた。不幸を抱え込む人びとは連帯し、社会運動を組織し、課題解決に向かうべきだという戦後民主主義的規範が一顧だにされない赤木の議論に対して、年長世代が苛立ちを隠さなかったのは当然だろう。

社会化されない「リアル」を表現や言論で提示する回路は近代社会に内在されているが、本章が岡田利規の作品で確認したように、その表れ方は時代によって異なる。不況と新自由主義的改革（労働市場の自由化）の抜き差しならない固定化が、ちょうど同時代に起こっていた「対テロ戦争」からイラク戦争と併せて進んでいたということを、赤木の議論は裏面から示していたとも言える。その同時性の自覚が、「戦争のない状態としての平和」のなかにある「ほとんど戦争状態の日常」を強化し、そこから赤木の議論が生まれたのだと捉えることもできる。ただし、赤木の議論の「戦争」は総力戦モデルを前提としていた。「対テロ戦争」の時代の戦争は、もはや社会階層の強制的な平準化をもたらすものではないため、赤木の言う通りに戦争が起こったとしても、彼の「希望」は残念ながら達成されなかっただろう。

もちろん、赤木の議論はひとつの表れであって、いわゆる「ロスジェネ」は社会運動や言論も生んだ。小林多喜二の『蟹工船』が再注目されたし、「プレカリアート」という呼称が用いられて階級的関心も高まっていた。

二〇〇〇年代後半の「ロスジェネ」の言論と運動を、本書の視点から再把握するならば、日常にある広義の「戦争の文化」を是正しようとする民主主義的な言論と運動だったと言える。あらためて確認しておくと、「戦争と平和」をめぐる認識は狭義の戦争だけに対象を絞ってしまうと十分には把握できないというのが本書の視点だった。格差や貧困としてすでに社会問題化している現象を、あえて「戦争の文化」と呼び直すことに意義を見出せないという意見もあるだろう。しかし、格差や貧困が許容し難いほどに深刻化した事態を「平和」とは呼び難い。社会的包摂と国家的包摂には重なるところがあるが、「ロスジェネ」の言論や運動は社会の側から「個人の生命と生活の安寧とはなにか」を問い直す広義の平和主義としても捉えることができる。

鳩山由紀夫の「理想」主義

二〇〇九年八月三〇日に行われた衆議院選挙において、民主党は一一五議席から三〇八議席に伸ばす記録的圧勝を達成した。戦後、野党が単独で過半数を獲得したのは初めてのことだった。他方、自民党は三〇〇議席が一一九議席に減るという、これも記録的大敗だった。有権者の自民党への愛想尽かしだけでなく、月額二万六〇〇〇円の「子ども手当」や高速道路の無料化などへの期待が、民主党の勝因にあったと言える。

歴史的とも呼べる政権交代をもって、二大政党制の端緒が開かれたという期待感もあれば、民主党政権への不安感が表明されることもあった。後者を確認してみよう。衆院選の直後に『読売新聞』紙上で開催された座談会で外交評論家の岡本行夫《おかもとゆきお》は次のように発言していた。

今度の民主党の政策というのは、場当たり的と言っては悪いが、十分バランスをとった現実的な政策ではないと思う。まだ政策的に政権を担う用意のない、準備のできていない党が圧倒的な多数を取ったということは、これから問題が生じるとは思うが、それさえも2大政党制への生みの苦しみとして、日本は受け入れていくべきだと思う。一刻も早く民主党が現実の政策能力を備えてくれることが大事だ。[71]

結果的に、岡本の懸念は的中することになる。原因のひとつは鳩山由紀夫の「理想主義」だった。鳩山は、衆院選の直前に『ニューヨーク・タイムズ』紙の電子版に論考を発表しているが、そこではアメリカ批判と、グローバリズム批判を展開していた。さらに、鳩山は東アジアの平和構築に意欲を示し、沖縄・普天間の米軍基地についても「最低でも県外」への移設を目

国会で初めての所信表明演説をする鳩山由紀夫首相（当時）。©朝日新聞社

指すと公言していた。鳩山は二〇〇九年一〇月の所信表明演説でも、「とりわけ、在日米軍再編につきましては、安全保障上の観点も踏まえつつ、過去の日米合意などの経緯も慎重に検証した上で、沖縄の方々が背負ってこられた負担、苦しみや悲しみに十分に思いをいたし、地元の皆さまの思いをしっかりと受け止めながら、真剣に取り組んでまいります」と述べた。

しかしながら、米軍の意向もあり、普天間基地の県外移設は実現せず、当初案の辺野古に置くことが決まる。これによって連立を組んでいた社民党が二〇一〇年五月に連立を離脱することになる。また、「東アジア共同体」という理念を掲げたが、これも実現しなかった。負担軽減のために沖縄の米軍基地を「県外移設」するという理念自体は説得的だが、（鳩山の準備不足は当然として）短期的にそれを実現するのがいかに困難なのかということを改めて世に知らしめた出来事だったと言える。「東アジア共同体」についても同じである。鳩山の失敗によって、これらの理念自体を「空想的」だとみなす風潮がいっそう強化されてしまった。

鳩山の失敗は、「あまりにビジョンに囚われすぎた」と評価されることもある。[72] そもそも鳩山は一九九九年九月に日本記者クラブで開催された民主党代表選候補による討論会で、候補者だった横路孝弘《よこみちたかひろ》から「純粋な人で、悪くとってほしくないのだが、ある意味で『宇宙人的』なところがある。もう少し現在の政治状況をみて発言してほしい」と評されたことがある人物だった。[73]鳩山の個性は、あるときには正直な理想主義に映り、あるときには裏付けのない無責任な放言に映ったが、安全保障政策の展望に関していえば結果的には後者が該当してしまった。

以上、二〇〇一年から二〇一一年の「戦争と平和」に関わる日本社会の認識を確認してきた。狭義の平和主義に関して言えば、二〇〇〇年代前半の一連の反戦デモの明確な盛り上がりのなかに戦後的な反戦・平和主義を見出すことができるし、九条の会も同様である。本章はまた、二〇〇〇年代を「戦争と平和」の再定義期としても捉えた。つまり、両者を峻別することが困難であるという前提のもとに、新しい情報技術によるセキュリティ強化が進んだ。同時代の社会の一部には、モザイク状になった「戦争と平和」の様態を感受する精神性を見出すことができた。また、新自由主義批判として表面化した「ロスジェネ」の言論と運動に注目したが、その言論と運動の根幹部分には、新しい「戦争と平和」の様態と対応する精神性がみられることも指摘した。しかしながら、従来の総力戦的な戦争の捉え方は根強かった。現象としては明らかに「戦争と平和」の様態が変化しつつあったが、それを受け止める認識とはズレがあったのである。

こうしたなかで、戦後的な反戦・平和主義とは異なる、より現実主義的な平和主義が存在感を増していった。憲法の前文と九条を維持し、アメリカの戦争への貢献・協力は特別措置法等によって例外的に認めるという日本政府の対処を「矛盾」だと捉えはするが、侵略でもなければ先制攻撃を行うのでもない限りにおいては、その「矛盾」を必ず解消しなければならないとまでは捉えない。戦争のない状態としての「平和」を維持するには米軍への協力が得策だろうと考えるという平和主義であり、非常にしたたかで「功利的」や「打算的」という形容がふさわしい。二〇〇〇年代の日本社会は総体としては上記のような「戦争と平和」に関する認識を共有し始めたというのが、第三章の見立てである。

【注】

49 平間俊行「時事世論調査に見る小泉内閣の特徴」『中央調査報』第五五九号。
https://www.crs.or.jp/backno/old/No559/5591.htm
【最終閲覧二〇二四年三月六日】

50「自民党総裁選　梶山さん・小泉さん・小渕さん、心境三様〝出陣の朝〟」『読売新聞』夕刊、一九九八年七月二一日、一九面。

51「小泉さん、大いに語れ　代表質問」『朝日新聞』二〇〇一年五月一一日、二面。

52 「小泉人気、徹底解剖　パフォーマンスだけじゃない、これだけの理由」『週刊朝日』二〇〇一年六月一日号、二二頁。

53 小池百合子と麻生太郎の発言は、ともに以下の記事から引用した。「イラク3邦人人質　危険地域、自己責任も　小池環境相」『読売新聞』夕刊、二〇〇四年四月九日、二面。

54 渡名喜庸哲「訳者解題　〈無人化〉時代の倫理に向けて」グレゴワール・シャマユー、渡名喜庸哲訳『ドローンの哲学　遠隔テクノロジーと〈無人化〉する戦争』明石書店、二〇一八年、二七四頁。

55 スタジオジブリ・文春文庫編『ジブリの教科書13　ハウルの動く城』文藝春秋、二〇一六年、一九頁。

56 同右、六一〜六二頁。

57 したがって、ドミニク・チェンの次の指摘は当たらないように思われる。「このリバタリアンな魔法使いは己れの自由を縦横無尽に生きること以外におよそコミュニケーション目的と呼べるものを持っていない。故に彼は他者との相互了解を求めずに、国家＝戦争から逃れながらも、まさに自己にだけ向いた道具的行為としての魔法を駆使し続ける」（「動く城の系譜学：心的ネットワークのトポスとして」『ユリイカ』第三六巻第一三号、二〇〇四年一二月号、九〇頁）。

58 「首相『テロ、心構えを』」『朝日新聞』二〇〇四年三月二七日、一面。

59 グレゴワール・シャマユー、渡名喜庸哲訳『ドローンの哲学　遠隔テクノロジーと〈無人化〉する戦争』明石書店、二〇一八年、六七頁。

60 吉見俊哉『空爆論　メディアと戦争』岩波書店、二〇二二年、一四五頁。

61 同右、四〇頁。

62 同右、二四頁。

63 佐伯啓思・大澤真幸「テロの社会哲学」『大航海』第五四号、二〇〇五年、七六頁。

64 『日本人の自覚』通知表問題『削除、訂正応じない』校長会が方針」『読売新聞』西部朝刊、二〇〇二年一〇月一八日、三二面。

65 「『九条の役割』で激論」『朝日新聞』二〇〇〇年一二月九日、一七面。

66 加藤周一「『巨匠』再見　劇場の内外（夕陽妄語）」『朝日新聞』夕刊、二〇〇四年四月一五日、四面。

67 記者会見での各氏の発言と記者との対話『九条の会オフィシャルサイト』
http://www.9-jo.jp/kaiken.html
【最終閲覧：二〇二四年四月三〇日】

68 同右。

69 「フロントランナー　ライブドア社長　堀江貴文さん」『朝日新聞』別刷り「ｂｅ」、二〇〇四年一一月二〇日、五一面。

70 「正規雇用と非正規雇用労働者の推移」厚生労働省ＨＰ。
https://www.mhlw.go.jp/file/06-Seisakujouhou-11650000-Shokugyouanteikyokuhakenyukiroudoutaisakubu/0000120286.pdf
【最終閲覧：二〇二四年三月二九日】

71 竹中治堅・岡本行夫・中曽根康弘・石原信雄「衆院選座談会　政権交代を語る」『読売新聞』二〇〇九年九月一日、一〇面。

72 添谷芳秀『安全保障を問いなおす　「九条－安保体制」を越えて』ＮＨＫ出版、二〇一六年、一八七頁。

73 「改憲論で白熱　民主党代表選候補者討論会」『朝日新聞』一九九九年九月二一日、七面。

第四章　震災後社会を「どう生きるか」

——二〇一一年から現在まで

脱原発と社会運動

二〇一一年三月一一日の一四時四六分、マグニチュード九・〇の巨大震災が発生した。東日本大震災である。震災の被害を正確に見積もるのは困難である。ここでは、二〇一一年からの一〇年間で記録された死者と行方不明者を確認するに留めておこう。死者数は一万五九〇〇人、行方不明者は二五二五人、避難生活のなかでの「震災関連死」は三七〇〇人以上を数える。

東日本大震災は未曽有の自然災害（および人災）であり、さらには二〇一〇年代末から二〇年代にかけてはコロナ・ウイルスが蔓延した。失業・貧困、災害による大量死、世界的パンデミックなどは、長期的には人類史的ともいえるが、短期的には近代のグローバル化が生み出す社会課題であり、社会全体を脅かすと同時に、社会全体で取り組むべき課題だとされる。

裏を返せば、失業・貧困、災害による大量死、世界的パンデミックなどの危機は、社会の同時代的連帯（あるいは社会的紐帯の強化）の土壌にもなり得るものであって、その連帯や紐帯強化は、その時代に特有の形態を持つとみなすことができる。では、震災後の日本社会においては、いかなる同時代的連帯や紐帯強化がみられたのだろうか。そして、そこにはいかなるアクターが関与していたのだろうか。

爆発事故を起こした福島第一原発。©朝日新聞社

東日本大震災は多様な被害をもたらしたが、本書では原発災害に注目したい。津波によって福島第一原発の一・二・三号機の電源が喪失し、一号機の原子炉建屋《たてや》が水素爆発を起こした。三号機と四号機も相次いで爆発、建屋が損壊した。これにより、大量の放射線と放射性物質が飛散した。また、原子炉に冷却水を送るポンプが動かず、核燃料が圧力容器の底に落下。核燃料の一部は圧力容器を突き抜けた。核燃料の一部は二〇二四年現在も採り出されていない。二〇二三年には汚染された冷却水を処理したうえで海に放出し、中国や韓国が日本の魚介類の輸入をストップしたというニュースも記憶に新しいところである。

広義の「平和」という観点からすると、震災後の日本社会はいくつかのレベルで「平和」が揺らいでいた時代である。その特徴は、第一に、原子力発電所のリスクについての関心の高まりである。危機意識の高まりを「作用」として捉えるならば、その「反作用」として「絆」や「感謝」や「天皇」など、社会を包摂する概念を強調する傾向がメディア上では観察された。第二に、「軍事的なもの」のせり出しである。これら二点について、以下では確認していく。

まず、原子力発電所に対する危機意識を確認する。二〇一一年以後は、脱原発を求める抗議行動が活性化した。二〇〇〇年代初頭にもイラク反戦運動が都市部を中心に盛り上がりを見せたが、脱原発を求める社会運動は、それよりも大きなうねりとなった。国会周辺や各地の電力会社の前での抗議活動が継続的に行われたのである。放射性物質の飛散が人びとの不安と結びつき、電力会社への不信感も高まった。社会運動の盛り上がりは、二〇一四年から一五年にかけての「平和安全法制」や「特定機密保護法」への抗議運動の遠因になったとも見ることができるだろう。

こうした状況で、原発が選挙の争点になる可能性もあった。しかし、二〇一二年末の総選挙では、他の政党が「脱原発」を掲げるなか、自民党もまた「原発依存からの脱却」を掲げて一応の足並みを揃え、原発問題を選挙の争点に据えることを巧みに回避した。経済問題を前面に押し出した自民党は大勝し、安倍晋三の第二次政権が成立する。

「感謝」するニッポン

震災後の社会は、一方では脱原発を求める社会運動の高まりがあったが、他方ではマス・メディア上や街頭広告などで「絆」や「感謝」が強調された。それらが強調された理由として、まず挙げられるのは、危機から生じた対立や分断が、誰の目にも明らかだったということがある。原発行政や事故対応をめぐる評価について意見が分かれるのはむしろ健全なことだが、明らかに健全とは言えないような対立・分断が生じていたのである。その一例として、放射線汚染をめぐる不安の噴出とそれへの冷笑および非難が挙げられる。これについては、思想史家の酒井《さかい》隆史《たかし》の論考「『放射脳』を擁護する」(『現代思想』二〇一一年三月号)が、手がかりを与えてくれる。

酒井は「3・11をきっかけにした諸力の動向を表現する、言説・イメージ上の結節点ともおもわれる独特の形象」として「放射脳」に注目している。「放射脳」という言葉とそこから呼び起こされるイメージが、反原発派の「過剰」な部分に向けられているとしたうえで、酒井は「原発に疑問をもつ人間を良きものと悪しきものに「分断」する傾向の表現」だと指摘した。[74]「放射脳」という言葉について、明確な定義があるわけではない。インターネット上のスラングとして使用されることが多いものの、雑誌ジャーナリズムでもときおり使用されていたようだ。[75]インターネット上での使用例や、雑誌記事から、「放射脳」という言葉が指すところの意味を抽出すると、次のようになるだろう。「放射脳」とは、原発災害および原発(あるいは原子力関連施設)が生み出してしまう放射線に対して「過剰」に反応する人びとを、揶揄や蔑視を交えて否定的に総称する呼称である、と。何が「過剰」であるのかを決めるのは、「放射脳」

という言葉を使用する側なのであり、その恣意性もまたこの言葉の特徴である。

こうした言論状況を念頭に置くならば、「絆」や「感謝」が強調された背景のひとつとして、対立や分断を緩和したいという人びとの願いがあったと考えることもできる。あるいは、対立や分断を覆い隠し、話題を逸らせたいという願いがそれを追認したと考えることもできる。その意図は人や集団によって異なるだろうが、いずれにしたところで、多数の死者を抱えた社会は、「絆」「感謝」の言葉を多用することによって、「日本的なもの」を再確認したり再強化したりしたのだった。

ここでは「絆」よりも「感謝」のほうを問題にしてみたい。諸個人のあいだで交わされる返礼の言葉ではなく、メディア上で不特定多数に向けて配信される「感謝」の機能を考えてみたいのである。その意味での「感謝」とは、あらゆる種類の敵対性を緩和し、ときに霧消させる強力な機能を持っている。メディア言説としての「感謝」は、CMやポピュラー音楽などのマス・メディアから、啓発ポスターや標語にいたるまで多様な場所に登場した。

たとえば、日本に対して災害支援を行った海外諸国への謝意や、福島第一原発で事故対応に当たった従業員たちへの謝意の言葉がメディア上に表れるとき、「感謝」の言葉を実際に発しているのは広告主や広告代理店か、あるいは両者が選抜した人間やキャラクターであることが多い。しかし、それを目にする視聴者や読者は、いつしか自分も「感謝」の言葉を発する集団の一員に組み込まれていることに気づくだろう。比喩的な言い方になるが、「感謝」の手紙を書いたわけではないのに、その手紙の送り主の一人に入ってしまっている、という状態だろうか。

「感謝」の気持ちには基本的に異存がないと感じる者も、特段「感謝」の念を抱いてはいないがそれに異論をはさむ余地がないと感じる者も、ひとまずは一様に「感謝」しているかのような一体感を醸成できてしまうところに、震災後社会の「感謝」というメディア言説の特徴がある。具体的な事例として、以下では「軍事的なもの」への「感謝」を取り上げるが、その前提として原発災害後の日本の論壇のひとつの傾向を確認しておきたい。それは、「原発大国」となった日本の構造を、戦争を遂行した一九三〇年代から四〇年代前半の日本との類比で捉えるという議論である。

歴史学者の酒井直樹は、原発災害に関する「責任」の所在の曖昧さを、「無責任の体系」と呼び、戦時期の日本文化からの連続性のなかで原発災害を捉える議論を行った（酒井直樹「『無責任の体系』三たび」『現代思想』二〇一一年五月号）。

酒井の日本文化論・思想論に対して、科学史家の山本義隆《やまもとよしたか》は原子力を推進してきた体制に着目した。山本は、交付金による地方議会の切り崩し、広告費によるマスコミの抱き込み、寄付講座による大学研究室抱き込みなどを指して「翼賛体制」「原発ファシズム」と呼んでいる（山本義隆『福島の原発事故をめぐって』みすず書房、二〇一一年）。

戦後日本の原子力体制を満洲国との類比で理解しようと試みたのがジャーナリストの

上丸洋一《じょうまるよういち》である。一九三一年の満洲事変以後、陸軍を中心として積極的な広報活動が行われた。「満洲は日清・日露戦争で多大な犠牲を払って手にしたものである」「ソ連に対する国防上、重要な地域である」「満洲の豊富な天然資源は日本の発展に欠かせない」などである。こうした言説を再生産し、社会にばらまいた新聞ジャーナリズムが、戦後は原子力「平和利用」で同じ轍《てつ》を踏んだというのが上丸の議論だった（上丸洋一『原発とメディア　新聞ジャーナリズム二度目の敗北』朝日新聞出版、二〇一二年）。

最後に、満洲との関係で、経済学者の安冨歩《やすとみあゆみ》の議論を挙げておく。安冨は、原発立地自治体と満蒙開拓団に類似点を見出している。満蒙開拓団の人びとは、経済的利益を求めて国策に従ったあげく、最終的に故郷を失った。その姿と、災害後に避難を余儀なくされた原発立地自治体の人びととの間には、近代の国策が生み出す負の側面が集約的に表れているのではないか――そのように安冨は指摘した（安冨歩『満洲暴走　隠された構造　大豆・満鉄・総力戦』KADOKAWA、二〇一五年）。

これらの議論はそれぞれに示唆に富むものであり、歴史的・文化的・思想的に原発にアプローチする際にヒントを与えてくれる。国家や原子力共同体の「無責任」や「暴走」の帰結として原発災害があったのであり、その姿は戦争を止められなかった過去の日本とよく似ているという議論は刺激的だが、以下ではより直接な「軍事的なもの」として、米軍と自衛隊を取り上げたい。

災害と「軍事的なもの」

まず、「トモダチ作戦（Operation TOMODACHI）」に注目する。これは、アメリカ軍による日本の災害支援作戦の通称であり、形式的には自衛隊の災害復興を支援するという作戦だった。東日本大震災翌日の三月一二日に始まり、約二万四〇〇〇人の兵士、一八九機の航空機、二四隻の艦船を動員した大規模なものだ。生活必需品の輸送、がれきの撤去、仙台空港の復旧、原発対応などで自衛隊の支援活動に従事した。

報道によれば、当時の自衛隊内には、想定を上回る米軍の支援に対し、各種の活動が米軍主導にみえないか警戒する意見もあったという。[76] それでも、いわゆる「日米同盟」に基づく自衛隊と米軍の協力関係は、災害対応に限っていえば日本社会に好意的に受け止められた。

もっとも、日米の協力関係以上に、原発への対応に当たった自衛隊への感謝の念がマス・メディアでは目立った。最初期の例として、自衛隊による原発への注水決行への「感謝」がある。

二〇一一年三月一七日、自衛隊は二機のヘリコプターを使い、原発上空から放水を行った。三号機に対して四度にわたり、計三〇トンの水を投下したとされる。放水直前に計測した放射線量は、高度九〇メートルで一時間当たり八七・七ミリシーベルトという非常に高い値を示していたという。[77]さらに自衛隊は、地上から三号機への放水活動も行っていた。
このときの自衛隊の活動について、翌日の『朝日新聞』の社説は次のように述べた。

自衛隊や警察にとっては、およそ想定していなかった仕事だ。しかし、事態がここまで進んだいま、私たちは、そうした人たちの使命感と能力を信じ、期待するしかない。［中略］

私たちは、最前線でこの災禍と闘う人たちに心から感謝しつつ、物心の両面でその活動を支え続けなければならない。

電気を使い、快適な生活を享受してきた者として、そしてこの社会をともに築き、担ってきた者として、連帯の心を結び合いたい。[78]

「感謝」と連帯を呼びかける社説の善意と良識は疑うべくもないが、危機に際して「軍事的なもの」に期待し、それへの「感謝」を醸成して国民統合を図るメディア言説の典型的な事例だとも言えるだろう。先に挙げた酒井直樹や山本義隆や安冨歩の議論を踏まえて言えば、戦争を遂行する国家内部で起こっていた事態と類似的な現象が、言説レベルでも見出されるのである。「軍事的なもの」は、事故対応に当たった原発作業員たちに関するメディア言説にも共通している。『朝日新聞』の記事にも「最前線」という言葉があるが、「最前線」で作業した原発作業員たちの勇気を讃えるメディア言説は、報道からフィクションに至るまで、ほとんどが「戦争映画」と同様の構造であり、類似した言葉で語られたのである。

「軍事的なもの」は、震災の記憶のなかにも確固たる位置を占めているようだ。ほんの一例に過ぎないが、災害後一〇年の節目となった二〇二一年の三月一一日に放映されたＴＢＳ系音楽特番『音楽の日』がある。この番組では宮城の航空自衛隊松島基地でブルーインパルスを背後においての歌唱パフォーマンスが行われた。

新型コロナ・ウイルスの世界的パンデミックの際にも、「軍事的なもの」と感謝を結びつける動きがみられた。二〇二〇年四月七日に七都道府県に対して発令され、四月一六日に対象を全国に拡大した一度目の緊急事態宣言下の日本社会では、航空自衛隊のブルーインパルスが東京の都心上空を飛行して医療従事者への「感謝」を表明し、そのイメージは報道を通して全国に共有され、強化されたのである。

大阪維新の会と「決定できる民主主義」

震災後の日本社会で進展した現象はそれだけではない。都市部における広義の新自由主義政党の躍進も見逃せない現象である。これについては、大阪維新の会および日本維新の会を取り上げる。大阪維新の会の結成は二〇一〇年、震災前である。したがって、震災前に潜在的に進展していたものが震災後にさらに強調されたと本書では捉える。では、「潜在的に存在していたものが震災後に強調された」のはなぜなのか。これについてまずは説明しておきたい。その理由は大きく分けて次のふたつに集約できる。

第一に、震災後の日本社会を覆った停滞感や防衛意識がある。二〇〇〇年代の日本社会に新自由主義思想が浸透したこと、さらには二〇〇〇年代後半の日本社会の課題のひとつが格差社会やワーキング・プアへの対策だったことは第三章で確認した通りである。それ以降も経済的に浮上する契機を作れないでいたところで、二〇一一年の三月一一日を迎えた。そうしたなかで、日本全体レベルではなく、まずは自分たちの生活圏のレベルで——つまりは地域のレベルで、停滞感を打破してくれるかのような感覚や、目に見える利益（あるいは負担減）をもたらしてくれる政策を、多くの人びとが求めたと考えることができる。

第二に、二〇一二年一二月の政権交代以後に顕著になった民主党の弱体化である。二〇一二年一二月の衆院選以降、自民党は「民主党は政権与党として失格だ」という烙印を押すための言説戦略を取った。その戦略は、選挙結果を見ても、以後の民主党の支持率を見ても、有権者の心情にある程度沿うものだった。民主党についても前章で確認したが、鳩山由紀夫時代の民主党は、内部に異論はあったものの、近年では珍しく外交・安全保障政策においても自民党に代わる選択肢を模索し、対立軸を示そうと試みていた。その印象が色濃く残っていた民主党の弱体化は、もはや外交・安全保障政策が国政レベルでの争点にはなり得ない時代の到来を意味してもいた。このことは裏を返せば、広い意味での経済のみが人びとを惹きつける争点として残ったということでもある。そうであれば、新自由主義的な経済政策を掲げる「維新の会的なもの」が、従来以上に存在感を増すのはそれほど不思議なことではない。

以下では、主に大阪維新の会および日本維新の会を取り上げて、震災後社会で進展したものの本質を浮き彫りにしてみたい。

二〇〇八年一月の府知事選を経て大阪府知事に就任した橋下徹《はしもととおる》と、彼に賛同する府議会議員や市議会議員が集まって大阪維新の会が結成されたのは、二〇一〇年四月のことだった。大阪維新の会と日本維新の会の台頭の原因については、主に政治学の領域で分析されてきた[79]。たとえば、日本維新の会を「改革保守」、橋下徹の政治手法を「ポピュリズム」として整理した政治学者の大井赤亥《おおいあかい》の議論がある。大井は、「民衆」への依拠、感性や情念の動員、敵対関係の自己創出、万能薬の提示を挙げた[80]。

さて、これまで論じられてきた議論に、筆者の視点を加えて整理すると、台頭の原因は以下の三点に集約される。そこには、二一世紀初頭の「小泉劇場」以降に定着した政治的コミュニケーションの諸問題が集約的に表れている。

第一に、メディア論的要素である。これは主にテレビとSNSの利用を指す。テレビについては、橋下徹に代表される幹部たちの弁舌能力とそれを喜ぶ放送局の関係がある。ここでいう彼らの弁舌能力は、対話的理性というよりは、視聴者に向けた巧みなパフォーマンスの要素が強い。議論の内容よりも、勝ち負けを印象付ける弁舌は、テレビやインターネットのブラウジングや街頭演説などの散漫な視聴に適合的であり、YouTubeなどの動画共有サイトでの「切り抜き」に適している。それによって大阪維新の会の認知度が上がったと言えるし、「改革のために抵抗勢力と闘っている」というイメージをアピールできた。SNSについては、ユーザーに「直接的」に影響力を及ぼすという戦略を指摘できる。SNSは、大阪維新の会を分析した社会学者の丸山真央《まるやままさお》が言うように、中間集団を媒介することなく有権者とつながるツールである（この点はテレビも同様だが、SNSの場合は他のユーザーの「いいね」の数や反応コメントが即座に可視化される点が異なる）[81]。批判の対象にする各種中間集団を飛ばして、有権者に自分たちの言葉を届けることができるSNSは、大阪維新の会にとって最適のメディアだった。

第二に、市場原理の導入を掲げる新自由主義である。これは、「身を切る改革」を繰り返したり、特定の中間集団を「既得権益」と名指して「民間ではありえない」と強調し、市場原理の導入を訴えたりするところに表れている。これらの主張は、現状では長引く不況を脱却できないという不満を抱く大阪の有権者の期待に応えるものだった。具体的な主張は、公務員の数の削減と給与の削減、交通機関の民営化、福祉の切り下げや文化への補助金の削減などである。維新の会がこだわり続けた「大阪都構想」も、同じ文脈に位置付けられるだろう。また、ＩＲ

と呼ばれる統合型リゾートの誘致もここに含めることができる。大阪維新の会の支持者は中間層からその少し上の層に多いと指摘されるが、現代社会を経済的にサバイバルしてきたという自負を持つ有権者たちの目には、市場原理の導入は相対的に魅力的に映るのかもしれない。

第三に、「民意」を強調する「民主主義」という要素である。大阪維新の会にとって、「民意」とは選挙結果に他ならない。二〇一二年の総選挙の際に国政進出を目指した大阪維新の会は、「維新八策」と名付けられた政策方針を発表した。その前文には、「決定でき、責任を負う民主主義」が掲げられていた。「決定」の根拠となる「民意」とは、もっぱら選挙の結果を指していたと言うことができる。確かに、候補者たちにとってはそれが実情なのかもしれないが、選挙は民主主義の重要な一要素であって、それが民主主義のすべてだというわけではない。大阪都構想が二度の住民投票でともに否定されたことを受けて、橋下徹は政界を引退した。やはり選挙がすべてということなのだろうか。住民投票では「選挙に強い維新」という評判とは逆の結果が出たわけだが、そもそもなぜ都構想にそこまでこだわるのかがじゅうぶんに理解されなかった結果だったと言える。

メディアとの関係、新自由主義、「民主主義＝選挙」の強調、これらの三要素が互いに互いを駆動しながら、大阪維新の会を躍進させ、国政政党・日本維新の会に繋がっていったと考えられる。もっとも国政進出後には紆余曲折があった。他党との連携を模索して迷走し、橋下徹の政界引退後は第二段階に入って独自の路線を歩んでいる。

以下では、本書の関心から、日本維新の会の安全保障政策を確認してみたい。都市型の新自由主義政党が国政政党になる際には、当然ながら安全保障政策が問われることになり、そこにもまた政党の独自性が表れるからだ。

しかし、意外なことに——と言うべきなのかどうかはわからないが、日本維新の会の安全保障政策は、自民党とほとんど変わらない。安全保障関係では、日米同盟を基軸としており、この点は共産党以外の政党と大きく変わらない。憲法九条と九六条の変更を掲げる点も変わらない。

たとえば、二〇二二年の参院選に際して東京大学の谷口将紀《たにぐちまさき》研究室と朝日新聞が共同で行った候補者への調査を見れば、日本維新の会の候補者全員が「憲法を変える必要」に賛成すると回答した（自民党の候補者は九七％が賛成）。また、アメリカ軍の普天間飛行場を名護市辺野古へ移設することについて、日本維新の会の候補者のうち八三％が賛成すると回答した（自民党の候補者は八五％[82]）。また、後に確認する集団的自衛権行使容認や敵基地攻撃能力についての態度も、自民党と大きく変わらないと言える。そもそも、第二章で論じたように、九〇年代以降、安全保障問題が日本の公論の対立軸になることはほとんどないなか、維新と自民党の安全保障への考え方が似通うのは当然なのかもしれない。

となると、自民党との差は経済政策ということになるが、その点の差異もまた、必ずしも明確ではないように思われる。維新がより急進的な改革を掲げているように受け取れる、という程度の違いでしかない。両者の明確な違いをあえて探すとすれば、「身を切る改革」という言葉に代表されるように、維新の会が有権者の政治不信の受け皿になりやすいというところくらいしか見出せないのではないか。二〇二三年七月二三日にインターネット上の番組に出演した日本維新の会の馬場《ばば》伸幸《のぶゆき》代表が維新は「第二自民党でいい」と発言したことが話題になったが、その通りなのかもしれない。つまり、この社会の根本的な変化は望んでいないが、自民党への不満はあるため「変わった」という感覚やイメージだけはほしいというような、ある意味では虫のよい、別の意味ではしたたかな心性が「維新の会的なもの」を支えている——そう考えることができるのではないだろうか。

「維新の会的なもの」と「民主主義」

二〇一六年のアメリカ大統領選で、候補者だったドナルド・トランプは「アメリカ・ファースト」を頻繁に掲げた。共和党の大統領候補に指名されたトランプは、二〇一六年七月二一日に指名受諾演説のなかで、「我々がやろうとしているのはアメリカ・ファースト（米国第一）だ。グローバリズムでなく、アメリカニズム（米国主義）が信条になる」と述べた。[83]

「アメリカ・ファースト」という言葉自体は、以前から存在する。たとえば、一九九二年、共和党の大統領候補者だったパトリック・ブキャナンが同じ言葉を掲げていた。当時は、アメリカが不況に苦しんでいた時代である。この例が示すように、候補者が有権者に対してあなたたちを優先すると発信するのは、とりわけ不況下にあっては珍しいことではない。むしろ戦略としては当然だとさえ言える。

振り返れば、二〇〇〇年代に長く総理を務めた小泉純一郎が二〇〇一年に口にした「自民党をぶっ壊す」という言葉や「抵抗勢力」という言葉の例が示すように、キャッチ・フレーズの選択に才能を示す政治指導者が、広い支持を得るという例は日本でも散見される。震災後の社会に視点を移せば、二〇一六年七月の東京都知事選での小池百合子の勝利という例もある。よく知られるように小池は小泉純一郎と近い政治家だが、彼女が選んだ「都民ファースト」という言葉には、過去の小泉と同時代のトランプの戦略の影が差していた。こうした動きは、震災以前から続く傾向が、震災後により凝縮されたかたちであらわれたものだ。

それは、その後の都市型の政治団体・政党をみても理解できるだろう。最初から国政に打って出るのではなく、自身の知名度と個性を押し出して都市部の首長となり、そこからのトップダウンで地方議会を変えていくという流れは、震災前の他の都市でも存在する。二〇一〇年にさいたま市長の清水勇人《しみずはやと》らが立ち上げた「埼玉改援隊」や、同年に名古屋市長の河村たかしが市民税減税や議員報酬の削減を掲げて名古屋で立ち上げた政治団体「減税日本」などが即座に思い浮かぶところである。

二〇〇〇年代後半から二〇一〇年代にかけての時期は、首長が政治団体や地域政党を結成して、地方議会で多数を得ようとする動きが活性化した時期だった。政治資金規正法上の「政党」とは、現職国会議員が五人以上参加していることが要件であるため、立ち上げたばかりの集団が「政治団体」と表記される。こうした表記が目立つこと自体が、新興の政治集団が増えた証左だろう。

「民主主義」を掲げる点も共通する。名古屋の例を確認すると、二〇一一年の選挙では、政令指定都市で初めてリコールが成立し、市議会が即日解散されたが、その際に河村市長は「おもしれえ名古屋にします。民主主義を名古屋の名物にしてゃあと思っとるんです」と述べたと報じられた。[84]それ以前の「民主主義」はほんとうの「民主主義」ではないと強調しているようなものである。なお、河村たかしは、二〇二三年に作家の百田尚樹《ひゃくたなおき》らと政治団体「日本保守党」を結成し、共同代表に就任している。「日本保守党」は結党宣言で「神話とともに成立し、以来およそ二千年、万世一系の天皇を中心に、一つの国として続いた例は世界のどこにもありません」と強調し、憲法九条や移民政策、消費税減税などを争点に掲げている団体である。[85]

左派に目を転じれば、山本太郎らが立ち上げた政党「れいわ新選組」があるが、その政党名には、「維新の会」と同様のセンスが流れ込んでいる。政治的な方向性は違えど、都市型の新しい政治団体や政党が、幕末から明治維新にかけての転換期に題材を採り、自分たちを「志士」として位置づけるかのような言説戦略が成立するのは、あの時代を愛好する人たちが多く、豊富な文化的資源が共有されているためだろう。「れいわ新選組」については、元号を冒頭に掲げており、日本を強調した政党名になっている。その意味では、先述の「減税日本」や、政治団体「日本保守党」にも通底する言語感覚である。こうした傾向の先陣を切ったのは、「大阪維新の会」だった。

彼ら・彼女らは、「ここに民主主義がある」というような言い方を好む。政治家が「民主主義」を言うのは当然だが、都市型の新自由主義政党の場合は、選挙運動から勝利に至る集団的高揚感を「民主主義」と結びつけるのに長けているようだ。問題は、「民主主義」とは選挙であると言わんばかりの姿勢や、複数の集団によって構成される多元的な公論を軽視する姿勢にある。

論破は好きでも対話は好まない。意見の対立は本質化されたり人格化されたりして調停不可能なものとされてしまう。そうなると、選挙で優劣を決めるしかないという雄々しい決断主義的な声が大きくなる。選挙の勝敗がすべてというゼロサムゲームを体現していたのが震災後社会の「維新的なもの」であり、確かにそれは支持者にとって政治をより「面白く」、より「身近」にするものだったのかもしれないが、「民主主義」の過少を象徴するものでもあったとも指摘できるだろう。

戦争の比喩と政治の言葉

これまで震災を「軍事的なもの」とあわせて受け止めた日本社会について議論を進めてきたが、そこで明らかになった特徴は、「戦争と平和」にどのように関係するのだろうか。本書がこだわってきた「戦争と平和」に関連付けて考えてみよう。

「維新的なもの」について言えば、「異論を認めず選挙で勝敗をつけるゼロサムゲーム」への支持は、そもそも政治や選挙を戦争の比喩で語りがちな日本の言語文化の伝統と相性が良い(「出陣」「退陣」「〇〇の乱」など)。もっともこれは日本に限らない。政治学者の梅川《うめかわ》健《たけし》は、大統領時代のトランプがコロナ・ウイルス対策に「戦争」の比喩を用いたことに注目し「国民に対して、状況が戦争と同じように悲惨であること、それゆえに、通常の戦争と同じように、大統領こそが戦時の司令官となるべきだというメッセージを伝えている」と指摘していた[86]。

もちろん、戦争の比喩ならば、政治や選挙に限らずスポーツにも頻繁にみられるのであって、戦争の比喩だけを持ち出して「戦争の文化」だと言いたいわけではない。ジョン・ダワーが「戦争の文化」として挙げた「大国意識」「希望的観測」「異論排除と同調圧力」「宗教的・人種的偏見」「想像力の欠落」などの要素を思い起こせば、「異論排除と同調圧力」だけでなく、それ以外の要素も震災後日本に当てはまることが見えてくるのではないだろうか。

相手の言葉尻を捉えたり、巧みな言い換えによって微妙に異なる像を作ってそれを叩いたりするような弁舌能力の持主は、当然ながら自身が相手に同様の手法を取られないような防衛技術にも長けている。短い言葉で言い切り、耳に残るフレーズを多用し、自分の攻撃のターンを伸ばそうとする。そうした能力が、メディアによって劇場化された公論の場で魅力的に映るというのは『朝まで生テレビ』以来の常識だろう。

しかし、そうした能力は、論争の相手のみならず、自分自身をも一面化・単純化してしまうのではないだろうか。それは自他のステレオタイプ化であり、芸能の世界で「芸」として楽しまれるならばまだしも、公共の言論の場で自他のステレオタイプ化が常態化してしまうことには問題が残る。内なる他者をも圧殺してまで演じられる「政治家」や「公人」とは何なのか。その「政治家」や「公人」たちによって語られる「戦争と平和」とは何なのだろうか。精神史的考察という観点から指摘できることがあるとすれば、一面化・単純化する個性は言わば「キャラ化」する個性であり、そうした傾向は「政治家」「公人」「芸能人」だけではなく、私たちの日常のコミュニケーションを根底部分で規定しているかもしれないということだ。もっとも、正確に言うならば、それは「コミュニケーション能力」ではなくて「プレゼンテーション能力」である。こんなところにも、新自由主義的な精神性が顔をのぞかせているというのは言い過ぎだろうか。

「平和安全法制」と反対運動

ここからは、いわゆる「平和安全法制」について確認する。

「積極的平和主義」を掲げた安倍晋三首相は、集団的自衛権の行使を認め、日本の安全保障に課された法的制約を取り除くために力を尽くした。その経緯を確認すると次のようになる。

二〇一四年七月、安倍政権は集団的自衛権の行使は憲法に違反しないと閣議決定、さらに「防衛装備移転三原則」で殺傷武器を除いた「防衛装備品」の輸出を一部容認する方針に転じた。二〇一五年四月には「日米防衛協力のための指針（ガイドライン）」を改定。この改定により、日米協力の範囲は「アジア太平洋地域及びこれを越えた地域」となった。並行して、安保関連法案の整備にも取り掛かった。法案整備の概要は、現行の法律の改正案一〇件からなる「平和安全法制整備法案」と「国際平和支援法案」の新設という二本柱だった。法案審議の過程では、以下に述べるように議論が白熱したものの、二〇一五年七月一五日の衆議院安保法制特別委員会において法案が強行採決された。最終的には、九月一九日にいわゆる「平和安全法制」関連法が成立する。

議論の最大の焦点になったのは、「存立危機事態」だった。「存立危機事態」とは、日本が集団的自衛権を行使する際の前提条件で、「日本と密接な関係にある他国に対する武力攻撃が発生し、これにより日本の存立が脅かされ、国民の生命、自由および幸福追求の権利が根底から覆される明白な危険がある」事態を指す。法案では、政府がこの事態を認定したうえで、「他に適当な手段がない」「必要最小限度の実力行使」という要件を満たせば、自衛隊の出動が可能になるとされた。国会では、何が「存立危機」にあたるのかをめぐって激しい論戦が起こったが、それをここで詳細に追いかけることはしない。最終的には内閣が「総合的に存立危機を判断する」という答えだった。

「平和安全法制」をめぐっては、非常に大規模な反対運動が起こった。二〇一五年七月の衆議院特別委員会での強行採決のあとには、約一〇万人が国会前に集まったとされ、一部では「一五年安保」という言い方がなされるようになった。二〇一五年の夏から秋にかけての社会運動で注目すべきは、SEALDs《シールズ》（自由と民主主義のための学生緊急行動）の存在だった。もちろん、運動参加者の数としては年長者が多かったが、現代の学生がスマートフォンを片手にスピーチし、ヒップホップのビートに乗せてコールする姿が人びとの関心を引き付けたのである。

そもそも、SEALDsは、特定秘密保護法に反対していた学生団体だった。その学生団体が、同法成立後の二〇一五年五月にSEALDsとして衣替えしたのである。「新たな学生運動」ともいうべきこのような動きの背景には、二〇〇〇年代の反貧困デモやイラク戦争反対デモに見られた「参加する楽しさ」を否定しない姿勢があり、さらには二〇一一年三月一一日以降の脱原発を求める社会運動の高まりがあった。

SEALDsの中心メンバーの一人、一九九二年生まれの奥田愛基《おくだあき》は、デモで行われる従来型のシュプレヒコールに違和感を持ち、自分たちは日常感覚を大事にしたいと思ったとして、次のように述べている。

日常って感覚は、とても大事。おしゃれを気にしながら国会前に行ったっていい。ディズニーランドも行って、海も行って、国会前にも行けばいい。日常がある上で抗議すべきときは抗議するってことに意味があるんです。「おまえこれ知ってるのか。この本読んだか」と言われ続けて、結果「学生の分際で」「主婦が何だ」と分断されてきた。じゃあいったい誰が意見を言えるんですか。この国は民主主義国家だから、学生も主婦もフリーターも考えたっていいし言ったっていい。

それに日常のすべてのものはデザインされてますよね。デパ地下で白黒のチラシ渡されないでしょ?「見た目より中身が大事」と言う人もいるけど、伝える努力はちゃんとした方がいい。むしろ今まで伝える努力を怠ってきた感じがするんです。[87]

このように、SEALDsの若者たちは自分たちがどのように見られるか、また自分たちをどのように見せればよいか、という点に自覚的だった。「おしゃれ」「デザイン」「伝える努力」

「SEALDs」などが東京・渋谷にて主催した抗議行動。©朝日新聞社

などの言葉からは、若者たちの一種のメディア感覚を見て取ることができる。加えて、「日常って感覚」という言葉が示すように、社会運動の文法に自分たちを合わせるのではなく、自分たちに合うやり方で意思表示をしたいという意識が強かった。そのため、従来の市民団体や政党主導の平和団体などとは異なる方法で反対の意思をアピールすることができた。

社会運動におけるメディア感覚と自己実現という要素は、彼ら・彼女らの発明だというわけではない。すでに一九八〇年代にその点を指摘していた人物がいる。小説家の野坂昭如《のさかあきゆき》である。八〇年代の野坂は『科学文明に未来はあるか』（岩波書店、一九八三年）を上梓するなど、巨大科学技術の時代に不信を表明していた。彼は、チェルノブイリ原発事故後に日本で盛り上がった反原発運動について、『広告批評』の特集「明るい明日は原発から」で以下のように語っている。

ああいう集会においても、みんながおしゃれで、きれいな格好をした人間が集まってくるほうがいいと思うね、僕は。いま、安いでしょ、衣料が。これだけ大量消費の世の中になったんだから。逆にとっちゃえばいいんですよ。イッセイ・ミヤケとかケンゾー・タカダとか、ハナエ・モリとか、そういうものを着た人間たちが、つまり原宿にいる連中と同じような格好をした人間たちが、原子力発電に反対したときに、僕はいくらか可能性があると思う。[88]

野坂の言葉は、たんなる年長世代から若者世代へのエールというよりも、社会運動の幅を広げるという、古典的ともいえる問題意識の表れだった。社会運動には、理論的に前衛化する方向と参加者を増やすという大衆戦略の方向があるが、社会運動が注目されるときには後者が強調される傾向がある。野坂の言葉も、奥田の言葉も、ともにデモが当たり前にある社会のためのひとつの手がかりを示唆しているように思われる。

さて、集団的自衛権の行使容認と法整備が改憲なしに完了したことは、推進者の意図に反して、今後の改憲をより困難にしたという逆説を生んだ。その理由は単純で、改憲の必要性を訴えるための材料が減るからである。その後の二〇二二年一二月に、岸田文雄政権は「国家安全保障戦略」など安保関連三文書を改定し、「反撃能力」（かつては敵基地攻撃能力と呼ばれたもの）の保有を明記したが、この事例が示すように、安全保障政策の転換については事前の選挙で主要な争点にはせず、閣議決定を経た法整備で済ませるという方策が常態化しつつある。そこには、長期的に見れば「平和国家」の内実は根本的に変容しているのにもかかわらず――そして平和主義に関しては憲法の理念ではなく現実を優先させているにもかかわらず――内外に対して従来の「平和国家」としての自画像を残すという曖昧さが醸成される。日本が人道的かつ平和的な多岐にわたる援助を途上国に対して続けてきたということを低く見積もるつもりはないが、そのような曖昧さを、日本社会に生きる私たちは選択し続けているようだ。それを「したたか」と評価するのか、深い自己欺瞞と評価するのかは、意見の分かれるところだろう。

宮﨑駿の戦争と『君たちはどう生きるか』

これまで確認してきたように、二〇一五年には「平和安全法制」をめぐる意見の対立から社会運動が盛り上がったが、それも一段落ついた二〇一六年に入って、「引退」を明言していた宮﨑駿が次作の企画を固め始めていた。この監督は、『紅の豚』『ハウルの動く城』に続いて、「戦争と平和」をめぐる環境の変化の時期に自作の構想を練っていたことになる。

二〇一六年七月一日付の「長編企画覚書　劇場長編を造るか?」のなかで次のように述べている（なおこの「覚書」は映画『君たちはどう生きるか』の劇場用パンフレットに収録されている）。まず宮﨑は、これから自分たちが作る映画は「どんな状況下のどんな気分の人々に出会うのだろう」と述べて、映画が公開される時代に思いを馳せている。そして「今の、ボンヤりと漂っているような形のはっきりしない時代はおわっているのではないのか。もっと世界全体がゆらいでいるのか」と自問したうえで、二種類の映画のプランを展望している。ひとつは「うんと平和な映画、トトロのようなもの」、もうひとつは「戦時下を舞台にした映画。時代を先どりして、作りながら時代においつかれるのを覚悟してつくる映画」だった。

宮崎が選んだのは後者だった。「時代を先どりして、作りながら時代においつかれる」という「戦時下」の映画が『君たちはどう生きるか』だった。企画覚書からは、とりあえずはそう言える。完成した映画は、より複雑かつ壮大なファンタジーとなっており、あらすじを整理するのは困難だが、おおよそ次のような物語である。

主人公は、太平洋戦争中に母親を亡くした眞人《まひと》という少年である。軍需工場を経営する父親とともに疎開するが、疎開先には父親の再婚相手・夏子《なつこ》（眞人の実母の妹）がいた。眞人は、夏子とのあいだの心理的距離を埋めることができず、夏子もそれに気付いていた。ある日、夏子が失踪してしまう。眞人は謎の青サギとともに、大叔父が立てたと言われるいまは廃墟になった塔に入り、そこから「下の世界」に降りていく。「下の世界」で夏子を探す過程で、ヒミというやはり謎めいた少女（少女時代の母親）と出会い、さらには大叔父との対面を果たす。大叔父は石を積むという神秘的な作業によって、自分が作った「下の世界」の均衡を保ち続けてきたのだと言う。そして眞人に自分の後を継いでほしいと告げる。悪意で穢《けが》されていない石があるので、お前はこれを使って争いのない平和で美しい自分の世界を作れと言うのである。

しかし眞人は自分には悪意があると言い返し、元の世界へ夏子と一緒に帰ることを決める。

「戦時下」の映画だと紹介したわりには、梗概《こうがい》のなかに戦争の要素が少ないと思われるかもしれない。それはその通りで、この映画は、疎開や軍需工場や空襲と思しき火事など、たしかに戦争の影は色濃いものの、あくまでそれらは後景に描かれるのみであり、映画の末尾では主人公による短いナレーションによって戦争の終わりが唐突に観客に告げられる。主題になっているのは「母親の死」と「少年の成長」という宮﨑駿自身の実存に関わる要素だと言っていいだろう。比較的裕福な家に生まれた子どもにとって、戦争とは、母親の死と結びついてもなお物語の遠景でしかなく、短いナレーションであっけなく終わらせてしまうことのできるものでしかなかった——それを「リアル」に描いている映画でもある。

やや突き放した書き方になってしまったが、それでもなお、この作品を論じる際に「戦争」という項目を完全に外してしまうことはできない。その理由は、すでに示したように明示的な戦争への言及が少なくないからだ。具体的な例としては、舞台が一九四四年から四五年であること、映画の冒頭はおそらく空襲による火事であり、空襲のなかを逃げ惑うという宮﨑の「原体験」を再構成したものであること、さらには出征する兵士を見送る場面などがわざわざ挿入されていること、軍需工場を経営する父親の会話などが挙げられる。

考えてみれば、『君たちはどう生きるか』の前作にあたる『風立ちぬ』（二〇一三年）もまた、日本にとっての戦争の時代を描いた作品だった。以下では、『風立ちぬ』と『君たちはどう生きるか』に描かれた宮崎駿の戦争の思想について考えてみたい。

『風立ちぬ』における緑の丘と戦闘機の残骸

宮崎駿がアジア・太平洋戦争を含む近現代世界の戦争について、個人的に深い関心を抱いているということは、さまざまな発言からうかがえる。しかしながら、アニメーション監督としての宮崎は、戦争の加害や被害についてはほとんど描いてこなかった。そのことは、すでに『紅の豚』（一九九二年）からも明らかである。そもそもが機内上映用の企画だったとはいえ、飛行機乗りたちの死を、天空を流れる戦闘機の群れとして美的に描くことで、加害や被害という問題を超越したところに置いて済ませている。もちろん、そこには宮崎なりの誠実さがあるとも言える。後世の人間は、どこか得意げに戦争の死者を意味づけてしまうが、それとは異なる宮崎なりの追悼が、あの空の墓場に結実したということはよく理解できる。

物語の古典的完成のために手練手管を尽くすという種類の映画作りは、もうじゅうぶんにやり切ったという思いがあったのだろう。『紅の豚』以降の宮崎は、完成度を追求するよりも、描きたいイメージを自由に繋ぎつつ、そのなかに歴史や現代社会に対する自身の思想や直感を投げ込むという「方法」を選んだ。『もののけ姫』『千と千尋の神隠し』などである。その後はファンタジーの世界に戻ったかのようにみえたが、意外なことに『風立ちぬ』では、アジア・太平洋戦争へと向かう時代の技術者に焦点を絞った。

よく知られていることだが、『風立ちぬ』では零戦の「活躍」は一切描かれない。スタジオジブリ・プロデューサーの鈴木敏夫によれば、零戦の最初の任務のひとつとして重慶《じゅうけい》爆撃の場面を描くという計画は存在していたらしく、宮崎は何度も描こうと試みたとのことだが、「どうしてもうまく描けない」という問題が生じたという。[89] 宮崎自身の言によれば「回避したいとは思ってなかったんですが、作る必要がなくなったので、そのシーンは外しました。絵コンテも引かなかったです」とのことだ。[90] いずれにせよ、零戦による重慶爆撃を直接的に描くというプランは放棄され、その代わりに、零戦らしき戦闘機の残骸が配置された丘を二郎が登り、メフィストフェレスたるカプローニと再会するという忘れ難い場面が生まれた。

宮崎は、『風立ちぬ』で戦闘や戦場の場面を描かなかった理由について、次のように説明している。

『風立ちぬ』劇場公開時ポスター。©スタジオジブリ

アフガニスタンやイラク、あるいはシリアなど、世界中で同時多発に惨憺たる状況が生まれていますから、それを見ない人は、たぶん戦争の話もできない人ですよ。現実を見ないでいるっていうことですから。ちょっと心掛ければいくらでも、それは砂漠であろうが、その湿潤な日本の風土であろうが、違いがあっても、そういうことが起こってますからね。[91]

鼎談《ていだん》での発言のため、言葉足らずのところがあり、真意をくみ取りにくいが、おそらくは次のような意図だったと思われる。つまり、戦闘や戦場を知りたいのであれば、現在にも過去にも「いくらでも」事例があるのだから、アニメーションでドキュメンタリー的に「再現」することはない。「再現」したところで、同時代の戦争の現実を見ようとしない人びとには、結局のところは伝わらない――。

それは確かにその通りだろう。また、すべてが終わったあとの視点から、過去を整理してみせたところで、その時代を生きた人間のことがわかるわけでもない。ただし、この宮崎の発想にみられる、いまやほぼ過去のものになりつつある教養主義的な潔癖性と高踏性について指摘しておかねばならない。一言でいうならば、そのように語ってみせる宮崎は、映画の観客に多くを求めすぎているのである。むしろ、自分が零戦の「活躍」をアニメーションで描くと、あまりに「魅力的」になってしまうから、描けるけれども描かないのだと言ってくれたほうが納得できただろう。

　零戦による重慶爆撃も、パイロットが置かれた非人道的状況もカットし、軍人たちの会議を戯画化して省略したうえで、カプローニに「飛行機はうつくしくも呪われた夢だ」と言われたところで、（その場面が魅力的だというのは間違いのないことだけれども）ほんとうに納得できる人は少ないのではないか。ジブリ映画の国内的・国際的な波及力を思えば、「呪われた夢」という言葉で済ませてしまって良いのだろうか。作家の柳田邦男《やなぎだくにお》は「零戦を描かなかったことに意味がある」と評価していたが、果たしてそう言ってしまって良いものかどうか、疑問はぬぐえない。[92]

イタリアの航空技師・カプローニ（左）と二郎（右）。©スタジオジブリ

　また、ひとりの技術者の自分本位な態度を美学化し、力を尽くして精一杯生きたのだと肯定するマチズモについて、自己批評的な意識はほとんどみられない。このあたりも含めて、『かぐや姫の物語』（二〇一三年）を遺した高畑勲《たかはたいさお》との違いを改めて感じざるを得ない。[93]

「ひたむきさ」と現実からの「退却」

「力を尽くして精一杯生きること」を肯定するという宮崎駿の思想は、彼の作品が広く受け入れられる要因のひとつでもあるはずだ。少年と少女のひたむきな姿が観客の胸を打つのは間違いないが、ただそれを描くだけならば、すでに「ラピュタ」や「トトロ」がある。戦争の時代を設定しておきながら、「力を尽くして精一杯に生きること」を肯定するだけでは、個人を取り囲むシステムを故意に見落とすことになりかねない。「精一杯に生きること」の称揚は、既存のシステムへの諦めやシステムからの退却とも、結果的には相性が良い。

かつて、社会性を喪失して趣味の世界に埋没する人間が「オタク」と呼ばれていたことがある。その評価はここでは措くが、『風立ちぬ』は、どれだけ緻密に戦争を描いていても「オタク」的なところが残る。自分が精一杯生きているかどうかは、当人ならばわかるはずだと宮崎は言いたいのかもしれないが、それはやや理想が高い。もちろん、何度も絶望をくぐり抜けた宮崎の作家性がそこにあるのは間違いのないところである。

ここで再び、議論は『君たちはどう生きるか』に移る。すでに述べたように、ひたむきな少年少女の称揚と既存のシステムへの諦めやそこからの退却は、表裏一体の関係にある。作品ごとに両者のバランスのとり方は異なるが、その配分に宮﨑駿の思想が表れると言える。そして、『君たちはどう生きるか』における両者のバランスは、眞人と大叔父というふたりの人物が担っている。

塔から時空を超えた場所へと移動した大叔父は、そこで一三個の石を積んで理想の世界づくりを試みている。しかし、理想の世界づくりは、どうやら成功したわけではないようだ。大時代的なインコ大王の言葉によると大叔父の世界は「帝国」であり、大王を慕うインコの群衆は、あの世界が何らかの軍事組織を持っていることを示唆している。生と死が同居するあの世界は、ペリカンたちにとっては地獄であり、インコたちにとっては守るべき「帝国」なのだが、当然ながら鳥たちは人間の戯画として描かれている。

『君たちはどう生きるか』劇場公開時ポスター。ⓒスタジオジブリ

現実世界から隠遁《いんとん》しつつ、理想の別世界を作るという倒錯した大叔父の世界づくりはなぜ成功しないのか。大叔父によると、石に悪意が紛れ込んでいるため、うまくいかないのだという。ところが、なぜか大叔父は悪意の一切ない石をすでに一三個集めており、それらを眞人に託して、自分にはできなかった平

『君たちはどう生きるか』劇中シーン。©スタジオジブリ

和な世界づくりを一方的に期待する。その仕事は大叔父の血縁者である眞人にしかできないという、家父長的とも言えそうな旧時代的かつ英雄主義的な設定も説明される。

しかしながら、眞人は大叔父の申し出を拒絶するのだった。善意だけの石を積むのでは意味はない、それは自分の仕事ではない。そもそも自分にもまた、悪意がある。継母を愛することができずに拒み、甘えの裏返しである卑怯な自傷行為に走ったからだ。だから自分は、たとえ悪意のある世界であってもそこに戻って友達を作って生きる——そう眞人は決意する。軍事産業に支えられた裕福な生活なのだから、眞人の決断はさほど説得的ではないけれども、少年の主観に沿って言えば、彼はひたむきに生きようとしている。

他方で、大叔父の別世界願望は、ある意味では現実世界への絶望から来るものだが、そのペシミズムは退嬰的《たいえいてき》とも呼べるものであり、結局のところ大叔父はインコたちを従える孤独な似非《えせ》創造主にしかなれなかった。眞人の決断の場面は、この大叔父の愚行——すなわち善意のみで完全な世界を作れるはずだという一種の倒錯、あるいは裏返された人間軽視——に対する有効な批判になり得ており、この映画の白眉である。眞人の決断の意味を理解できずに「殺し合い奪い合う愚かな世界に戻るのか」と未練を見せる大叔父の姿は、痛ましささえ感じさせる。だからこそ、眞人があの世界から持ち帰る石は、大叔父が用意した「善意のみの石」ではなく、「悪意が残る石」でなければならなかったのだ。戦後民主主義への決別と継承が入り混じった両義的表象として、説得的である。

眞人とインコたち。©スタジオジブリ

ところで、『風立ちぬ』と『君たちはどう生きるか』には共通する画面構成がある。それは、緑が風に揺れる丘であり、丘の先にある青空と白雲だ（『君たちはどう生きるか』では、どこか禍々しい隕石が中空に座しているが）。

宮崎が描く緑の丘の高台は、儚い夢が表象される「どこにもない場所」であり、天国であり地獄でもある。そこでは、男女の愛情も、技術者の願いも、隠遁者の理想も、決して長くは続かず、当初の期待はいつも裏切られて破局に向かう。このように、宮崎が続けて描いた風吹く緑の丘は、その爽やかな見た目に比して、近代の人間が持つ理想主義やロマン主義のグロテスクさを表す空間としても理解できる。そうだとすれば、近代日本の戦争という巨大な社会現象をたんなる遠景にしているかに見えた『君たちはどう生きるか』は、実際には戦争という愚行の発生源たる人間精神のキメラのような奇怪さを、言葉ではなく空間として表現した作品としても評価可能だということになるはずだ。風が吹く緑の丘を通して戦争を表現しようとするところに、宮崎駿というアニメーション作家の思想が端的に表れていたのだった。その屈折した「戦争と平和」の思想は、現代日本に残る「戦後」のひとつなのかもしれない。

『風立ちぬ』（上）『君たちはどう生きるか』（下）の劇中シーン。©スタジオジブリ

【注】

74 酒井隆史「『放射脳』を擁護する」『現代思想』二〇二一年三月号、一一二頁。

75 大宅壮一文庫のデータベースで「放射脳」と検索すると、次のような記事が該当した。「煽り派の暴走はもはや犯罪だ　日本列島を覆う『放射脳』の脅威」(『週刊ポスト』二〇一二年三月一六日号)、「1度目は悲劇2度目は喜劇　『東日本の米はカンパ禁止』という『沖縄へリパッド』反対派の放射脳」(『週刊新潮』二〇一六年一二月八日)などである。

76 『米軍に主導権』と危機感　福島原発事故対応『トモダチ作戦』」二〇二一年五月四日、共同配信。

77 NHKのWeb特集「『原発に水を入れろ』決死の放水 舞台裏でいったい何が…」より。なお、「この放水に、核燃料を冷やす効果がどれほどあったのかは、10年たったいまもわかっていない」のだという。

https://www3.nhk.or.jp/news/html/20210330/k10012942471000.html

【最終閲覧：二〇二一年五月六日】

78 「原発との闘い　最前線の挑戦を信じる」『朝日新聞』二〇一一年三月一八日、三面。

79 有馬晋作『劇場型首長の戦略と功罪　地方分権時代に問われる議会』(ミネルヴァ書房、二〇一一年)、砂原庸介『大阪　大都市は国家を超えるか』(中央公論新社、二〇一二年)、善教将大『維新支持の分析：ポピュリズムか、有権者の合理性か』(有斐閣、二〇一八年)などである。

80 大井赤亥『現代日本政治史「改革の政治」とオルタナティヴ』筑摩書房、二〇二一年、一九四～一九五頁。

81 丸山真央「維新の会の『中抜き』政治はどこに向かうのか」『世界』二〇二三年一一月号、五三頁。

82 「改憲賛成派、大幅増61%」『朝日新聞』二〇二二年六月二四日、三面。

83 「トランプ氏『米国第一』　移民・貿易、不満を代弁　指名受諾」『朝日新聞』二〇一六年七月二三日、二面。

84 「乗せた乗った河村節　『独裁』批判はね返す　名古屋トリプル投票」『朝日新聞』二〇一一年二月七日、三〇面。

85 「『日本保守党』とは何なのか　作家や名古屋市長らが政治団体」『朝日新聞』二〇二三年一二月二四日、二七面。

86 梅川健「『戦時大統領』としてのトランプ（1）　レトリックと旗下集結効果」東京財団政策研究所HP。
https://www.tkfd.or.jp/research/detail.php?id=3400
【最終閲覧：二〇二四年四月三〇日】

87 吉野太一郎「【安保法案】SEALDs・奥田愛基さん『民主主義って何だ？問い続ける』（インタビュー）」
http://www.huffingtonpost.jp/2015/08/24/sealds-okuda-interview_n_8030550.html
【最終閲覧：二〇二四年四月三〇日】

88 野坂昭如「原発を選んだのは僕たちか」『広告批評』一九八七年六月号、五三頁。

89 鈴木敏夫「数々の葛藤や偶然の末に生まれた」スタジオジブリ・文春文庫編『ジブリの教科書18 風立ちぬ』文藝春秋、二〇一八年、四四頁。なお、鈴木は宮崎の葛藤について、観客の受け止め方を気にしていたと推測し、「爆撃によって人々が無惨に殺されたあと、二郎が何を言おうとも、共感を得るのは難しいでしょう」と述べている。

90 庵野秀明・松任谷由実・宮崎駿「ファンタジーを作れない時代に〝力を尽くした〟映画」スタジオ

ジブリ・文春文庫編『ジブリの教科書18　風立ちぬ』文藝春秋、二〇一八年、八五頁。

91 同右、九三頁。

92 柳田邦男「夢がついえた後に残るもの」スタジオジブリ・文春文庫編『ジブリの教科書18　風立ちぬ』文藝春秋、二〇一八年、一六頁。

93 高畑勲については、拙著『残されたものたちの戦後日本表現史』（青土社、二〇二三年）を参照。高畑の遺作『かぐや姫の物語』では、「女性の人権」や「家族の民主化」という価値観を、「かぐや姫」をめぐる抗争の場に置き直すという試みに挑んでいた。貴族やミカドではなく、漂泊する山の民を愛する「かぐや姫」の姿は、高畑が抱き続けた戦後民主主義の精神性をイメージ化していたと言える。

終章　来るべき平和主義へ

鶴見俊輔とアレクシエーヴィチ

これまで論じてきたように、「戦争と平和」の概念は、二一世紀に入って根本的な転換を迎えた。戦争のない状態を指して「平和」と呼ぶ従来の態度にこだわっていては、ある意味では「一国平和主義」を強化することになるだろうし、別の意味では「平和のための戦争」というロジックを根本的に批判することもできないだろう。こうした現状において、平和主義という思想を改めて考えてみるという作業が求められているのではないか。そうした問題意識から、終章では鶴見俊輔と、『戦争は女の顔をしていない』で知られるベラルーシの作家、アレクシエーヴィチの営みに注目する。そこから民主主義という思想に照明を当てて、それを解きほぐし、現代の「戦争と平和」を考えるためのツールになるよう、磨きなおしてみたい。

鶴見俊輔は、一九六四年に行われた小田実との対談のなかで、「しゃべる」ことが持つ力を次のように述べている。

しゃべるということと、演説ということとはまったく対立することなんだな。しゃべり疲れた人間というのは、結局人の演説を聞くことを好み、人の演説のペースにまき込まれて自分も演説するようになるわけだね。しゃべるというのは立場のとり合いでしょう。相手の立場をとって考えてみて、自分の初めしゃべりはじめたときの立場が動く、おたがいに動くことがおもしろいから、無限にしゃべっているわけだね。とにかくしゃべり疲れると演説が入ってきて、どっとある方向に流されていく。[94]

鶴見はここで、「しゃべる」と「演説」とを対比的に捉えて、前者の基底部分に働いている力を取り上げ、その可能性を開こうとしている。鶴見の意図を言い換えるならば、「立場のとり合い」という言葉が示すように、権力が特定の話者に集中しないよう、互いが細かい配慮を行うという精神性が、「しゃべる」という行為のなかにはあるということだろう。それは「相手の立場をとって考えてみて、自分の初めしゃべりはじめたときの立場が動く、おたがいに動くことがおもしろい」という言葉に表れている。権力が集中するとき、「しゃべり」は「演説」になる。「しゃべり疲れると演説が入ってきて」というのは、「演説」を許す側の主体を重視している点で、鶴見俊輔らしいと言うべきだろう。「言葉」にこだわった鶴見は、専門家だけのあいだで通用するジャーゴンを嫌ったが、そうした鶴見の気質はここでも健在で、「理性的コミュニケーション」ではなく「しゃべる」という語を選び、平易な言葉で常識を相対化しようとしている。

終章を鶴見の引用で始めたのには理由がある。それは、私たちが日常的に実践しているかもしれない「ある能力」に注意を喚起したいからだ。「ある能力」とは、すでに述べたように、その場に生じようとする権力関係に批判的に介入するという、平和主義の根幹に関わる能力を指す。場は空間と言い換えても良いが、要は「公論」を通して各人がその都度自他の立場を調整する能力のことだ。これは「演説」に比べると随分と素朴でささやかな力かもしれないが、その力がなければ私たちがより良い生を営めないような、そのような力でもある。鶴見はそれを民主主義と呼んでいるわけではないが、筆者は民主主義の力のひとつに数えている。

　民主主義を決定のメカニズムとしてのみ捉えるならば、フランスの歴史家、トクヴィルが『アメリカの民主主義』で述べたような「多数者の専制」が起こり得るし、スペインの哲学者、オルテガが言う「大衆の叛逆」という事態も生じるだろう。私的領域に埋没した無数の人びとが、中央集権的な専制主義を自ら助長するという可能性が民主主義には内在されているけれども、同じ無数の人びとの日常的実践のなかに、それを拒む力が潜在していることもまた確かである。[95]私たちは批判的な調整能力を持っており、その能力を日常的に発揮して生きていると捉えてみてはどうだろうか。かりに「多数者の専制」や「大衆の叛逆」と呼ばれる現象が生じたとしても、それはオルテガが言うような民主主義の過剰ではなくて、むしろ過少かもしれない——鶴見ならばそう言うのではないか。

　この能力に気がついていた人は多いと思われる。つぎに、アレクシエーヴィチの『戦争は女の顔をしていない』から、書く主体・語る主体としての男性性が持つ権力性をわかりやすく批判的に考察している部分を引用してみよう。

しかし、書いていたのは男たちだ。わたしたちが戦争について知っていることは全て「男の言葉」で語られていた。わたしたちは「男の」戦争観、男の感覚にとらわれている。男の言葉の。女たちは黙っている。わたしをのぞいてだれもおばあちゃんやおかあさんたちにあれこれ問いただした者はいなかった。戦地に行っていた者たちさえ黙っている。もし語り始めても、自分が経験した戦争ではなく、他人が体験した戦争だ。男の規範に合わせて語る。[96]

アレクシエーヴィチによる女たちへの聞き取り調査は、男が占有する戦争の語りがいかに強固なのかを見事に浮き彫りにしていた。女たちの声を聴くこと・書くことは、女たちの声をセンチメンタルで空想的だと決めつけ、自分の話こそが「本題」だと得意げに語る男性性の奇怪さを再発見し、そこに介入することでもあった。アレクシエーヴィチは、社会に潜在する女たちの声に、批判的な力の萌芽を見出して文学的に提示するという、困難な作業に成功している。

鶴見とアレクシエーヴィチの試みの共通点は、身近なコミュニケーションに注目してこの社会の歪みを捉えようとする視点にあった。そこには、いままさにその場に生じようとする権力関係や、すでに強固に存在する権力関係に批判的に介入するという人間の能力への信頼があるように思われる。そうした能力を抜きにして人間が生きていくのは難しいはずだということを、ふたりは私たちに教えてくれている。いや、このふたりだけではない。私たちの周囲にいる、話すのが好きな人や聞き上手な人たちが、あるいは面倒見の良い人や頑固に信念を曲げない人たちが、私たちに教えてくれているのだ。

たとえ、どれほど非民主主義的な権威主義的集団・国家のなかで生きていようとも、どれだけSNS上の条件反射的コミュニケーションに慣れようとも、日々の実践（親しい人たちとの関係や、職場・学校などのコミュニティ内部の関係）において、人間はそうした能力を発揮して生きている。それはおそらく言葉によらない身体的コミュニケーションの場でも同様だろう。そうした能力をうまく自覚することができれば、私たちが自由に生きるための環境づくり――大袈裟に言えば非暴力に基づいたより根本的で生活的な平和構築――のために、柔軟に使っていくことができるのではないか。鶴見とアレクシエーヴィチはそう思わせてくれる。

「民主主義」とは何か

「民主主義」に「力」があるとすれば、その源泉となるものは、これまで注目してきたような「権力関係に批判的に介入する力」なのではないか。

私たちは、「民主主義とは選挙である」という理解を強く内面化しているところがある。それが間違っているわけではないが、選挙は民主主義の一要素であって、それが現代を生きる私たちのさまざまな「秩序」の安定にとってどれほど重要であったとしても、一要素であることは変わらない。権威主義的な体制下では、選挙の際に有権者は多様な圧力を感じるが、そのような状態を「選挙があるだけまだまし」とは誰も言わないだろう。また、「民主主義＝選挙」という理解が強すぎると、疑似万能薬的な解決策を説く「演説」に吸い寄せられて、そこに票が集まり、結果的に誤ってしまうリスクを減らすことはできない。

他方で、私たちは「民主主義＝選挙」という理解を内面化していながら、同時にそれに満足していないことも明らかであるように思われる。なぜなら、選挙は、個性を「1票」に還元してしまうからだ。私の意思は、投票を通じて、抽象的で無味乾燥な「1票」になってしまう。たとえば「選挙によって私たちの代表を選びましょう。それによって社会課題は解決の緒につくのです」などと言われても、どこかピンとこないところが残る。選挙に関心を持てないという人は、「無関心」なのではなく、この私の実存と「1票」との隔絶を感受している人なのかもしれない。もちろん、選挙を否定したいのではない。選挙は、「権力関係に批判的に介入する力」が発揮されるひとつのルートだと捉えたい。

「民主主義」の源泉を「権力関係に批判的に介入する力」だと把握することの利点は他にもある。「民主主義」の起源をヨーロッパだけに限定する視点を相対化できるという利点である。

インドの経済学者のアマルティア・センは、「多元主義、多様性そして基本的な自由が擁護されてきた事例は、多くの社会の歴史」にあると述べ、インド・中国・日本・韓国・イラン・トルコ・アラブ世界・アフリカ地域を挙げた。センは、ネルソン・マンデラの自伝『自由への長い道』のなかから、マンデラが長老の家で開かれた集会の場面を回想した次の記述を引用している。[97] マンデラは、「発言者のなかには、重要な人物もいれば、そうでない人もいたかもしれないが、どの人の発言も、族長であれ家来であれ、戦士であれ呪医であれ、商人であれ農民であれ、地主であれ労働者であれ、みな耳を傾けてもらえた」「それは最も純粋なかたちの民主主義だった」と述べている箇所がそれである。この視点に立てば、非西洋に対して西欧流の「民主主義」を「押しつけ」ているとか、非西洋は西洋の「民主主義」を「輸入」したというような見方についても、別の捉え方ができるだろう。

ここで、「民主主義」についての本書の立場を説明するために、デモクラシーと「民主主義」の差異と重なりを確認しよう。民主主義については定評ある入門書が多いが、それらの本が教えてくれるように、デモクラシー（Democracy）は、古代ギリシャ語のデモス（民衆）とクラトス（支配・力）の合成語・デモクラティアを語源とする言葉である。[98] 古代ギリシャにおいて、デモクラシーは決して賞賛されるべきものではなかったというのも、よく知られるところである。

デモクラシーは政治制度の一類型を意味しており、それを重視して「民主制」や「民主政」

と訳されることもある。さらにデモクラシーは、多様な意見を可能にする自由主義や、多様な意見を述べる集団があること自体を重視する多元主義などを含む一種の理念としても理解されてきた。それぞれの時代に「これこそがデモクラシーだ」と主張する議論の流れがあったのであり、その意味で、「民主主義」という訳語にあるイズム（主義）という言葉には相応の根拠があると言える。

回りくどい言い方になってしまったが、ここでは以上のような含意を踏まえて「民主主義」という言葉を使用している。本書の対象が現代日本だったから、日本語の「民主主義」を使用するのではない。近代以降、現代に至るまでの日本においては、まさにデモクラシーがイズム（主義）として、現実的な課題と緊張関係を持ちながらも自律的な問題圏を形成したと考えるから、「民主主義」という言葉を使いたいのだ。そのことは、たとえば「戦後民主主義」という言葉が戦後日本社会でもった意味について考えてみれば理解できるだろう。「戦後民主主義」がイズム（主義）だったことは、それを肯定する者も否定する者も認めるところだと思われる。

「民主主義」のなかでも、本書が重視する要素をあらためて整理しておこう。それは、すでに鶴見俊輔とアレクシエーヴィチに即して確認したように、「生のあらゆる次元のコミュニケーションの場において作用する偏った権力関係に、批判的に介入する力を重視する思想」としての「民主主義」である。

「生のあらゆる次元」というのは、個人的な人間関係から投票行動や各種制度作りに至る人間の多様な活動を指す。各種集団の運営・統治とそれへの関与もそこに含まれる。「コミュニケーション」は人間のあいだ・集団のあいだの意思疎通を指すが、ここではそれだけではなく、他者をどのように認識するのか、自分たちが所属する何らかの集団にどのように関与するのか、あるいは伝統や記憶などの文化的・歴史的構築物とどのように向き合うのか、などといった公的課題への実践的応答もまた含まれる。「批判的に介入」というのは、多角的視野からなされる言論活動・社会運動・投票行動から、精神的・物理的暴力までが含まれる。

以上の要素に重点を置くならば、民主主義の実践は非常に多岐にわたると言える。誰もが思いつく例を挙げると、権威主義的機構に対する批判や、差別・不平等に対する批判に基づく諸活動が挙げられるだろうが、その場合、何が「権威主義」で、何が「差別・不平等」なのかの評定は集団によって異なるため、対立する集団がそれぞれ自分たちこそ「民主主義的」で、相手は「非民主主義的」だと認定することも当然あり得るだろう。

さきほど筆者は、「生のあらゆる次元のコミュニケーションの場において作用する偏った権力関係に、批判的に介入する力を重視する思想」と書いた。「批判的に介入する力」で止めるのではなく、それを「重視する思想」と付け加えた理由についても、説明しておきたい。「批判的に介入する力」は、発揮されるのを待って潜在している場合もあるだろうし、発揮されたとたんに対立を生むこともあるだろう。その力が動物や自然環境に対する人間の作用を含む場合もあるかもしれない。こうした広がりを想定して、「重視する思想」と付け加えておいた。

民主主義による「戦争と平和」

かつて「平和と民主主義」という言い方があった。一九五〇年代、いわゆる革新勢力――これもまた過去の言葉だが――が主導して人びとの広範な支持を獲得した護憲・平和運動に関連して頻繁に使用された言葉のひとつである。この言葉は、日本国憲法の精神に立ち返って、アメリカとの軍事的結びつきを批判するための問題設定のあり方を端的に示す言葉だった。

それから約七〇年が過ぎた現代の日本社会では、「平和と民主主義」という言葉を覚えている人は少数であり、それを発信する人はさらに少ないが、それも無理はないだろう。五〇年代に警戒の対象だった日米関係や自衛隊は、いまでは大多数の人びとにとってほとんど当たり前の風景になっているからだ。

日常的風景を「警戒」する人間が少ないのは、ある意味では当然である。日米の軍事的結びつきは日米同盟と言い換えられ、日本の安定の条件とされるようになって久しい。災害出動等で自衛隊への信頼感が増し、度重なる海外派遣という「実績」も作られた。記憶に新しいところでは、二〇一四年には集団的自衛権行使容認が閣議決定され、その後に法整備が進んだ。革新勢力の源泉のひとつだった資本主義社会への根本的批判がほぼ失われたことを付け加えるのは、もはや蛇足かもしれない。

ここで考えてみたいのは、そもそも「平和と民主主義」という言葉の選択が、どれほど妥当だったのかということだ。この言葉は、まず「平和」が来るところに、戦争の記憶がなまなましかった時代の刻印があると言えるのだが、仮に「平和」と「民主主義」が並列的に扱われていたとして、「平和」と「民主主義」を簡単に同じ水準に置いてしまってよいのかという疑問は残る。ここではいったん「平和」を「戦争・紛争がない状態」として消極的に捉えるとして、非民主主義的で権威主義的な集団・国家が「平和」だという状態は、じゅうぶんにあり得る。その意味で、「平和」と「独裁」は両立してしまう。

このように、「平和」と「民主主義」が常に結びつくわけではないということを押さえたうえで、「民主主義による平和」はいかに可能かを展望する地点に踏み込んでみよう。[99]

社会学者の見田《みた》宗介《むねすけ》は、「平和の問題と、デモクラシーの成立の問題とが、理論的には同型だ」と述べたことがある。[100] 見田の言葉を使うならば、平和と民主主義は、「集列体」から「連合体」に至るという点で同型なのである。「集列体」とは、部族や国民などの集団が同じ空間内部でバラバラに存在し、自己を守っている状態である。そのようなルールのない状態では、各集団は互いを他者としてみなすため、争いは絶えない。これに対して「連合体」とは、意識的なルール作りによって、集団が共存・併存する状態を指している。見田の議論は、カントが自然状態から共和制国家（ここでは現代のほぼ代議制民主主義と同義と捉えている）への理論的筋道を跡付けた際の問題意識と同種のものだろう。見田が言う「連合体」は、ある場合には国家であり、ある場合には国際的な連合を指すことになる。

しかし、現実には見田（とカント、および後述する「デモクラティック・ピース論」）の議論は、様ざまな意味で萌芽的なものにとどまっている。現代の国際連合を例に取り上げてみれば、国際連合も「集列体」としての部分を多分に残していることが即座に見て取れる。これまでにも繰り返し指摘されてきたように、国際連合はＰＫＯのような停戦後の平和維持には有効だが、戦争の防止機能は極めて限定的である。国連安保理の常任理事国が拒否権を行使すれば、安保理の決定は成立しないからである。常任理事国は事実上、第二次世界大戦の戦勝国によるクローズドサークルであり、本来の意味で民主的とは言えない（もちろん、国際連合の多様な会合の場では、本書が重視する「偏った権力関係に、批判的に介入する力」を各国が発揮する場面がみられるが、それが実効的なものかどうかは別問題だろう）。

それでもなお、平和と民主主義に同型性を見出して、併せて把握するという考え方には、私たちが個人として自由に生きたいという願望を持つ限り、いつも立ち返るべき重要なポイントが含まれている。そのポイントとは、私たちがどのような状態のときに戦争を望み、どのような状態のときに望まないのかを見極めるためにも必要なポイントである。

民主主義の原則から言えば、国家が戦争を起こす場合（ここではその反作用としての自衛戦争は除外して考える）、代議制というマジックによって、その決定を下したのは「国民」だということになる。戦争の莫大なコスト（権利や人間関係や物資の欠乏）を自分たちが支払うことになることとわかっているならば、誰も戦争を選ばない——と思いたいが、そう言えるかどうかは微妙なところであって、「国民」は「国民」であるがゆえに、国家を守ろうとする場合もある。

民主主義は戦争を選ぶのか、選ばないのか。もちろんケースバイケースと言ってしまえばそれで終わる問題だが、筆者は「選ぶ」と理解している。もっとも筆者は政治学の専門家ではないため、政治学者の山田敦《やまだあつし》と多湖淳《たごあつし》の議論によりながら、民主主義と平和をめぐる政治学の試みを確認しておきたい[101]。それは、「デモクラティック・ピース論」と呼ばれる議論と、それに対する反論である（理論《セオリー》ではなく仮説と呼ぶべきだという指摘もある）。この議論は七〇年代に提起され、八〇年代に研究の蓄積が進み、ポスト冷戦期の九〇年代に盛り上がったと言われる。

「デモクラティック・ピース論」とは何か。ブルース・ラセットやゼヴ・マオツらが一九九〇年代に提起した議論は、次のような理解を前提としている。それは、民主主義には非暴力的なコミュニケーションによって課題を解決するという規範が内在されている、という理解である。一見するとこれはわかりやすい道理にみえる。民主主義を実現するものとして憲法に取り入れられた国民主権という前提のもとでは、国民は自らの生命や幸福を危険にさらすような決定が下されないように配慮することができる。たとえば選挙や言論活動や社会運動を通して、自らの生命や幸福を守ろうとする。また、個人の利害計算から言っても、「戦争のない状態」を志向するのはある意味では当然である。戦争を起こそうとする権力に対して、民主主義的な批判の力はじゅうぶんな根拠を持って反対することができるし、反対が成功するかどうかは別にしても制限を加えることはできる。つまり、一国内部に関して言えば、民主主義は戦争のない状態としての平和を志向する――一応はそう言えるかもしれない。では、その国の内部だけでなく、同じく民主主義的な制度と規範を有する他国とのあいだにおいても、民主主義は平和を志向すると言えるだろうか。「デモクラティック・ピース論」は「言える」と主張する。民主主義国のあいだでは戦争は起こりにくいというのである。

山田敦によれば、この考え方はイデオロギー的として拒絶されたり、無批判に受容されたりしてきた。さらに、「民主主義国」とは何か、「戦争」とは何かというように定義をめぐる論争や、対象とする国家の政治体制のバリエーションに関する論争など、アメリカの学会で議論が盛り上がったという。それでも、多胡淳が指摘するように、一九九〇年から二〇〇〇年代に観察された諸現象を説明する考え方として、「デモクラティック・ピース論」は多くの研究者に受け入れられている。

ここに、筆者の疑問を付け加えてみたい。「デモクラティック・ピース論」は、民主主義国家間の現状を説明するのに適しているが、本書が考える「平和の文化」にとっては不十分なところが残る。仮に「民主主義国同士は戦争をしない」のだとすれば、「民主主義国」を増やすことで戦争のリスクが減るということになる。しかし「民主主義国」を増やそうとする試みがときに「非民主主義的」な方法でおこなわれる場合や、あるいはどれだけ民主主義的な方法であっても相手側がそれを決していけ入れない場合、別種の戦争やテロの火種を育ててしまう困難が第二次世界大戦後の世界で広く認識されたわけであって、「デモクラティック・ピース論」はその問題にうまく対応できないのではないか。また、お互いに戦争をしないという民主主義国家の結束自体を敵視する勢力に対してもこの仮説は無力だが、それは多くを求め過ぎだろうか。

それでもなお、ここで「デモクラティック・ピース論」を挙げたのは、「規範」という言葉が重視されているように、この議論は冷戦下に支配的だった現実主義的なパワー・ポリティクスとは別種の発想があり、それはそれとして重要な試みだったと評価したいからだ。もっとも、本書は「デモクラティック・ピース論」の精緻化を目指すものではない。この理論（あるいは仮説）の前提をなす「民主主義」と、その結果として表れる「戦争と平和」の問題を、九〇年代以降の日本社会を事例に、歴史社会学的かつ思想的アプローチを通して考察したかったのである。

来るべき平和主義へ

最後に、日本の平和主義と表面的には切っても切り離せない憲法九条についても考えてみたい。表面的と述べたのは、終章で確認してきたように、より根本的な平和主義を見据えるならば、九条はそのひとつの表れとして理解できても、絶対要件だとまでは言えないからだ。さて、皮肉を込めて言えば、憲法九条は「よくできている」と言える。どういうことか。

自衛隊を明記するだけでなく、交戦権の保持を明記するかたちで憲法九条を変えるならば、国内世論だけでなくアメリカとアジア各国からの反発が来るだろう。しかし、憲法九条に現実を合わせる種類の選択肢——米軍基地の漸次撤退、自衛隊と警察による専守防衛——を多くの人びとが望んでいるようにはみえない。どちらかを選べと言われても選べない、わからないという人が多数なのではないだろうか。それが不誠実な態度だとは言えないはずである。しかし、そうした「わからない」を横目に、政治の側では憲法のなし崩し的拡大解釈が進行する。その都度社会の反発を招きながらも、長期的に見れば人びとはその決定を消極的に追認していく。

しかしながら、憲法九条があることで、現実に存在する自衛隊の米軍との協力関係や防衛費の増大、「有事法制」や集団的自衛権行使容認などが「まだマシ」になったと考えることが可能になる。これは、「歯止め」として九条が機能しているのだという、どこか自己慰安的なところのある受け止め方だと思われる。実際にはほとんど有名無実化していることを知りながら、思想信条の左右を問わず「日本は平和国家だ」と言えてしまえるのである。

一方では、「非武装中立」は難しいと諦めつつ、自衛隊と米軍による安全保障に依存しながら憲法前文と九条の平和主義を理念としては保持することができる。他方では、九条が国民の思考停止を生んだと指弾しながら、実際の改憲は困難であると判断して、解釈改憲と個別の法律によって抑止力を高めるという狙いを達成することができる。

軍事力の保有と交戦権を明記して自主憲法への改憲を訴える者が、憲法を「押し付けた」アメリカへの軍事的依存（日米安保の維持・強化）を自ら推進するという矛盾の存在を、かつて法哲学者の井上達夫は指摘したが、その矛盾を「平和国家」という言葉で隠してしまうことも可能になる。[102] また、国際政治学者の添谷《そえや》芳秀《よしひで》は、「保守的な改憲派の望みが実現しない」理由として、「護憲派が防波堤になっているからではなく、戦争責任と一体化した「九条―安保体制」が強固だから」だと述べている。[103] 保守的な改憲派が「『九条―安保体制』の一翼を担っていながら、侵略を否定しつつ憲法改正を望んでも、結局行き場はない」と述べる添谷は、「左」からのリベラルな改憲を提案している。

現状では、日本国憲法の前文と九条に代表される平和主義はほとんど有名無実化しているが、改憲論争や護憲の主張とは別に、より根本的な平和主義を洗い直す作業も必要だろう。本書が

第三章で述べたように、二一世紀の「戦争と平和」は、ドローン兵器やＡＩの配備や非正規軍の常態化によって、有事の索敵と平時の治安維持のための監視との区別がなくなりつつある。国家の主権の発動として捉えられる戦争とは異なり、有事と平時の境界を峻別することが困難になっている。同じ事態を「平和」の側から捉えるならば、「平和」は従来の「戦争のない状態の持続」とは異なり、時間的にも空間的にも細分化され切り縮められた個人的なものとして意識されるようになる。主観的かつ瞬間的なものとして意識された「平和」認識は、次の二通りの回路によって、現代社会に表面化しているように見える。

第一は、従来の現実主義である。瞬間的な「平和」を国に守ってもらうため、「国民」としての立場から現在の外交・安全保障の実態を是認する態度だと言える。第二の表れ方は、よりいっそう進んだ現実主義的な態度である。「平和」は瞬間的なものであって、いつ「戦争」に転化するかもしれないという認識は、戦争との距離を「物差し」にしてきた戦後日本の反戦・平和主義と接合的なところがあるはずだが、現状では両者はほとんど結びつかず、それはそれで現代的特徴と言える。主観が感受する「戦争」の「近さ」はむしろ、日常をサバイバルの場として捉える新自由主義的な態度として表れる。この場合のサバイバルにおいて、国家は個人を守ってはくれない。この主観的かつ瞬間的な「平和」を作り享受できるのは、この「私」だけである。このように、現代の「戦争」と「平和」は、実態においても認識においても、モザイク状に点滅しているのだ。

私たちの生にとって「国民としての生」は重要かもしれないが、それはあくまで一要素に過ぎない。にもかかわらず、軍事に関する話題になると「国民」という主体以外には想定できなくなってしまう傾向がある。来るべき平和主義とは、そのような傾向に違和感を抱いたときに仄見《ほのみ》えるような、人間の多層性や多面性に立脚した平和主義であり、「正義の戦争」はないと考える非戦の思想である。来るべき平和主義は、憲法の条文に頼るのではなく、国家が持つ「人を殺す」という権力を、当たり前だと思わないところに表れるだろう（この点は死刑の是非をめぐる議論も同様である）。また、「死んでも構わない集団／保護されるべき集団」を分別する言説やイメージは国家の下で疑似的な正統性が付与され、ときに私たちはそれを追認するが、そうした言説やイメージを批判の対象にできるという自覚を共有したところにも、その平和主義は表れるに違いない。

【注】

94 鶴見俊輔・小田実「『喋る』論理のすすめ」『週刊読書人』一九六四年九月七日号。引用は、鶴見俊輔『民主主義とは何だろうか』晶文社、一九九六年、二六〇頁。

95 この段落の民主主義に関する記述は、間宮陽介の論考「危うい時代の潮流」『同時代論　至上主義とナショナリズムを超えて』（岩波書店、一九九九年）を参考にした。

96 スヴェトラーナ・アレクシエーヴィチ、三浦みどり訳『戦争は女の顔をしていない』岩波書店、二〇一六年、四〜五頁。

97 アマルティア・セン、東郷えりか訳『人間の安全保障』集英社、二〇〇六年、七三〜七四頁。

98 本書が参考にした入門書は、宇野重規『民主主義とは何か』（講談社、二〇二〇年）、および駒村圭吾『主権者を疑う　統治の主役は誰なのか？』（筑摩書房、二〇二三年）。

99 本書では触れないが、一九五〇年代後半の日本の議論に、すでにそうした問題意識は存在する。詳しくは拙著を参照のこと。なお、筆者はかつて、日本の「戦後民主主義」の三要素として「平和主義」「直接的民主主義」「平等主義」を挙げたことがあるが、三要素の根底にあるのは、本文で説明するような人間の能力だと言える。

100 見田宗介・大澤真幸「名づけられない革命をめぐって　新しい共同性の論理」『Ａｔプラス　思想と活動』第二号、二〇〇九年一一月、二二頁。

101 山田敦「民主主義と平和の理論　デモクラティック・ピース論争について」（『一橋研究』第二一巻第四号、一九九七年）、および多湖淳『戦争とは何か　国際政治学の挑戦』（中央公論新社、二〇二〇年）を参考にした。

102 井上達夫「九条削除論　憲法論議の欺瞞を断つ」『論座』編集部編『リベラルからの反撃　アジア・靖国・９条』朝日新聞社、二〇〇六年、一三五頁。この段落の記述に際しては井上の議論から多くを得た。

103 添谷芳秀『安全保障を問いなおす　「九条‐安保体制」を越えて』ＮＨＫ出版、二〇一六年、二一一頁。

あとがき

日本の平和主義は一九八九年以降の約三五年間でどの部分がどのように変わったと考えることができるか。それを批評的に記述するのが本書の目的だったが、本書を閉じるにあたって、改めて議論の内容を整理しておきたい。

第二章で扱った一九八九年から二〇〇一年は、「第三の開国」や国際貢献・協力という言葉で、自衛隊の活動範囲が議論されたり、新たな部隊の創設の可能性が議論されたりした。端的に言えば、平和主義にも「グローバル化」や「自由化」が求められたのである。とりわけ九〇年代初頭は、バブル経済が崩壊していたとはいえ、好景気の慣性も作用して、経済大国の「責任」として国際貢献・協力はいかに可能かという課題が切実なものとなった。戦争への距離に「物差し」をあて、それに近づくとされる安全保障政策や外交政策を批判する反戦・平和主義が戦後日本の特徴だったが、この反戦・平和主義を「一国平和主義」だとする批判的解釈もまた、この時期以降にはある程度定着することとなった。多様な議論が起こったが、結局のところは、自衛隊の活動範囲が戦闘終結後の公海にまで広がり、さらには自衛隊が国連平和維持活動として外国領土で活動することを認めた。それが、九〇年代に表れた平和主義のグローバル化だった。もっとも、そうした活動事実が積み重ねられたものの、戦後日本の反戦・平和主義もまた、一定の影響力を保持してもいたし、平和主義のグローバル化というならば、国際NGOなどの存在感が増したこともこの時代の特徴である。また、それらとは異なる場所と世代のなかでは、おもにサブカルチャーにおいて、日常をサバイバルの場と捉える視点が目立つようにもなっていた。こうした視点は、狭義の平和主義を超えた「戦争と平和」をめぐる新たな世界認識のあり方として特筆に値する。

第三章で扱った二〇〇一年から二〇一一年は、「対テロ戦争」の時代である。テロ対策特別措置法によって、自衛隊の活動範囲が戦時の公海や戦時の海外領土にまで、限定的ではあっても、拡大された。また、自衛隊による国際貢献・協力の相手は、実際には米軍なのではないかという疑念を多くの人びとが抱くようにもなった。九〇年代に多様な構想が出された平和主義のグローバル化が、アメリカへの対応に収斂してしまったと当時の社会は受け止め、反戦デモが盛り上がりをみせた。他方で、同時に進展していた新自由主義的な諸改革の流れに並走するかのように、人びとの価値観は変化しつつあった。日常をサバイバルの場と捉える認識は九〇年代にはサブカルチャーの特徴だと言えたが、二〇〇〇年代に表面化した新自由主義的な価値観を経由することで、サブカルチャーに限らないより広い領域において見出されるようになった(そこには九〇年代に思春期から青年期だった世代が年齢を重ねて二〇〇〇年代を迎えたという要因も関係しているだろう)。日常をサバイバルの場として捉える理解は、軍事力を前提としたパワー・ポリティクス的な世界把握の方法と極めて相性が良いのであって、こうした動向のなかで、平和主義自体もその質を変えたように思われる。

過度な単純化は慎まねばならないが、平和主義の変質は、概ね次のように要約できるだろう。「戦争のない状態」としての「平和」に関する認識としては、九条の理想を掲げる戦後的な反戦・平和主義があるが、これは年長世代を中心に残存しているものの、その弱体化は疑えない。弱体化や影響力の低下をながらく指摘されながらも、確かに残っているという事実を軽視すべきではないけれども、それが弱体化することで、日本社会のより根底部にある生活保守主義に基づいたしたたかとも呼べる平和主義が目立ち始めた。

「したたか」というのは、戦争のない状態を求める心情とそのための論理を巧みに同居させることを指す。戦後社会とは、戦争体験の厚い蓄積によって生活保守主義的な平和主義が反戦・平和主義と矛盾なく結びついていた社会だったと言える。しかしながら、反戦・平和主義の弱体化およびそれとの分離によって、生活保守主義的な平和主義の表れ方が、より現実主義的なそれに変わり始めた。より現実主義的な平和主義は、憲法の前文と九条を維持しつつも、アメリカの戦争への貢献・協力は特別措置法等によって例外的に認めるということを矛盾だと捉えはするが、その矛盾を必ず解消しなければならないとまでは捉えていない。侵略でもなければ先制攻撃を行うのでもない限りにおいて、米軍に協力することが、戦争のない状態としての「平和」を維持するには得策だろうと考えるのであって、それは非常にしたたかで功利的とさえ呼べる平和主義である。他国にどう思われようとも日本は平和国家だと主張できる環境を残しておくのが得策だという平和主義である。ただし、それだけでは、戦争のない状態を維持するために派兵するという「平和のための戦争」を根本的に批判することはできないというのも自明である。いずれにせよ、二〇〇〇年代の日本社会は総体としては上記のような「戦争と平和」に関する認識を共有し始めたというのが、本書の見立てである。

こうした傾向の先に、第四章で扱った現代日本社会がある。災害や疫病を一種の「有事」とみなすことで軍事的なものの活動を活性化させて国民統合を図るという現象や、政府による集団的自衛権行使容認とそれを厳しく批判しつつも結果的には総体として追認するという現象が目立った。現実主義的な平和主義は、議会のレベルでも言論のレベルでも諸個人による日常の活動のレベルでも明らかに大勢を占めており、そのような環境のなかで「戦争と平和」をめぐる認識を更新するのはなかなかに困難である。その困難を体現する作品として、宮﨑駿の『君たちはどう生きるか』を批評的に論じたのだった。

現代においては反戦・平和主義と現実主義的な平和主義は、互いに互いを真面目に取り扱わない。ただし、それぞれにニュアンスの違いはあれど、両者は「平和とは戦争のない状態である」という二〇世紀以前の理解に基づいている。しかし、第三章で論じたように現代における「戦争と平和」の概念は二〇世紀のそれから大きく逸脱し始めているのであり、平和主義を再考するためには別の視座が必要になるだろう。それについては終章で民主主義という思想に注目して記述した。読者のなかには、終章を蛇足だと思われる方もいるかもしれない。しかし、「戦争と平和」を、ほんとうの意味で「自分事」として把握したり創造したりするためには、「戦争と平和」の概念を拡張し、日常レベルに落とし込んで理解し直すという手もあるのではないだろうか。そうした問題意識から、終章を付け加えた。

最後の最後に、本書の成立過程について記しておきたい。本書のなかには、折に触れて発表してきた拙稿を加筆・修正して取り込んだ部分がある。具体的に述べると、本書の第一章については、「変質する日本の平和主義」(『中央公論』二〇二三年九月号)を下敷きにしている。また、第四章の震災後の日本社会に関する記述は、「原発災害後のメディア言説における『軍事的なもの』」(蘭信三・石原俊・一ノ瀬俊也・佐藤文香・西村明・野上元・福間良明編『シリーズ 戦争と社会 第4巻』言説・表象の磁場』岩波書店、二〇二二年)を踏まえており、宮崎駿の映画については、「遠い戦争と鳥たちの『帝国』、そして風吹く緑の丘」(『現代思想』第五一巻第一三号、二〇二三年一〇月)を下敷きにしている。

その他、戦争社会学研究会や原爆文学研究会、今村昌平研究会、リベラル・モダニズム研究会をはじめとするさまざまな場所で口頭報告を実施したり討論者としてコメントを述べたりしたが、それらの内容も、かたちを変えて本書に取り入れている。それぞれの機会を与えてくださった先生がたと編集者のみなさまに改めてお礼を申し上げます。

草稿の一部を読んでコメントを下さった太田悠介さんと、草稿の大部分を読んでコメントを下さった坂堅太さんにもお礼を言いたい。また、朝日新聞出版の大﨑俊明さんはいつも的確に修正の方向性を示してくださった。大﨑さんの助言なしには本書は完成しなかった。また、素晴らしい研究環境を整えてくださっている神戸市外国語大学の外国学研究所のみなさまと、温かい目で見守ってくださる神戸市外国語大学の同僚の先生がたに、格別のお礼を申し上げます。

二〇二四年四月一七日

山本昭宏

参考文献

有馬晋作『劇場型首長の戦略と功罪——地方分権時代に問われる議会——』ミネルヴァ書房、二〇一一年。

アレクシエーヴィチ、スヴェトラーナ（三浦みどり訳）『戦争は女の顔をしていない』岩波現代文庫、二〇一六年。

飯田健「ウクライナ支援に対する日本の有権者の支持」日本国際問題研究所『国際秩序の動揺と米国のグローバル・リーダーシップの行方』（令和四年度・米国研究会）二〇二三年三月二八日。https://www.jiia.or.jp/pdf/research/R04_US/01-05.pdf

井上達夫「九条削除論　憲法論議の欺瞞を断つ」『論座』編集部編『リベラルからの反撃：アジア・靖国・９条』朝日新聞社、二〇〇六年。

植村秀樹『「戦後」と安保の六十年』日本経済評論社、二〇一三年。

宇野重規『〈私〉時代のデモクラシー』岩波新書、二〇一〇年。

宇野重規『日本の保守とリベラル　思考の座標軸を立て直す』中公選書、二〇二三年。

大井赤亥『現代日本政治史「改革の政治」とオルタナティヴ』ちくま新書、二〇二一年。

奥平康弘『「改憲」アングルからみた「憲法五〇年」』『法律時報』第六八巻第六号、一九九六年。

加藤博章『自衛隊海外派遣』ちくま新書、二〇二三年。

菊池信輝『日本型新自由主義とは何か　占領期改革からアベノミクスまで』岩波現代全書、二〇一六年。

北井邦亮『日米ガイドライン　自主防衛と対米依存のジレンマ』中公選書、二〇二四年。

倉橋耕平『歴史修正主義とサブカルチャー　90年代保守言説のメディア文化』青弓社、二〇一八年。

小林よしのり『新・ゴーマニズム宣言SPECIAL 戦争論』幻冬舎、一九九八年。

駒村圭吾『主権者を疑う——統治の主役は誰なのか？』ちくま新書、二〇二三年。

五所純子「「すべての仕事は売春である」に匹敵する一行を思いつかなかった」大澤聡編『1990年代論』河出書房新社、二〇一七年。

斎藤環『心理学化する社会　なぜ、トラウマと癒しが求められるのか』PHPエディターズ・グループ、二〇〇三年。

斎藤剛「【研究ノート】カルギル紛争における『核の作用』に関する考察」『国際安全保障』第四四巻第三号。

佐伯啓思・大澤真幸「テロの社会哲学」『大航海』第五四号、二〇〇五年。

酒井隆史『[完全版] 自由論　現在性の系譜学』河出文庫、二〇一九年。

酒井隆史「『放射脳』を擁護する」『現代思想』二〇二一年三月号。

酒井隆史『ブルシット・ジョブの謎』講談社現代新書、二〇二一年。

酒井隆史『賢人と奴隷とバカ』亜紀書房、二〇二三年。

境家史郎『憲法と世論　戦後日本人は憲法とどう向き合ってきたのか』筑摩選書、二〇一七年。

佐藤嘉幸『新自由主義と権力　フーコーから現在性の哲学へ』人文書院、二〇〇九年。

島崎隆「『心理主義』の流行とカウンセリング・心理療法の是非をめぐる問題」季報『唯物論研究』第一〇〇号、二〇〇七年。

清水晋作『公共知識人ダニエル・ベル　新保守主義とアメリカ社会学』勁草書房、二〇一一年。

シャマユー、グレゴワール（渡名喜庸哲訳）『ドローンの哲学　遠隔テクノロジーと〈無人化〉する戦争』明石書店、二〇一八年。

陣野俊史『世界史の中のフクシマ　ナガサキから世界へ』河出ブックス、二〇一一年。

絓秀実『反原発の思想史　冷戦からフクシマへ』筑摩選書、二〇一二年。

鈴木敏夫「数々の葛藤や偶然の末に生まれた」スタジオジブリ・文春文庫編『ジブリの教科書18　風立ちぬ』文春ジブリ文庫、二〇一八年。

スタジオジブリ・文春文庫編『ジブリの教科書13　ハウルの動く城』文春ジブリ文庫、二〇一六年。

スタジオジブリ・文春文庫編『ジブリの教科書18　風立ちぬ』文春ジブリ文庫、二〇一八年。

砂原庸介『大阪――大都市は国家を超えるか』中公新書、二〇一二年。

セン、アマルティア（東郷えりか訳）『人間の安全保障』集英社新書、二〇〇六年。

善教将大『維新支持の分析　ポピュリズムか、有権者の合理性か』有斐閣、二〇一八年。

添谷芳秀『安全保障を問いなおす「九条－安保体制」を越えて』NHK出版、

二〇一六年。

多湖淳『戦争とは何か　国際政治学の挑戦』中公新書、二〇二〇年。

田所昌幸「日本人の対外意識における連続と不連続」添谷芳秀・田所昌幸・デイヴィッド・A・ウェルチ『「普通」の国　日本』千倉書房、二〇一四年。

チェン、ドミニク「動く城の系譜学　心的ネットワークのトポスとして」『ユリイカ』第三六巻第一三号、二〇〇四年一二月号。

鶴見俊輔『民主主義とは何だろうか』晶文社、一九九六年。

成田龍一『「戦後」はいかに語られるか 』河出ブックス、二〇一六年。

成田龍一『近現代日本史との対話【戦中・戦後――現在編】』集英社新書、二〇一九年。

西谷修『戦争論』講談社学術文庫、一九九八年。

西谷修『アフター・フクシマ・クロニクル』ぷねうま舎、二〇一四年。

野上元「情報社会と「人間」の戦争」蘭信三・石原俊・一ノ瀬俊也・佐藤文香・西村明・野上元・福間良明編『シリーズ戦争と社会1「戦争と社会」という問い』岩波書店、二〇二一年
日高六郎「平和意識と「平和」政策」『世界』一九九四年二月号。

藤田省三『精神史的考察』平凡社ライブラリー、二〇〇三年。

船橋洋一『グローバリゼーション・トリック』岩波書店、二〇〇二年。

ベック、ウルリッヒ（鈴木直訳）『〈私〉だけの神　平和と暴力のはざまにある宗教』岩波書店、二〇一一年。

細川護煕編『日本新党 責任ある変革』東洋経済新報社、一九九三年。

牧野智和「二〇一〇年代自己啓発書ベストセラーにみる「心の習慣」」北田暁大・東園子編『岩波講座　社会学12　文化・メディア』岩波書店、二〇二三年。

牧原出『権力移行　何が政治を安定させるのか』NHKブックス、二〇一三年。

待鳥聡史『政治改革再考　変貌を遂げた国家の軌跡』新潮選書、二〇二〇年。

間宮陽介『同時代論　市場主義とナショナリズムを超えて』岩波書店、一九九九年。

丸山真央「維新の会の「中抜き」政治はどこに向かうのか」『世界』二〇二三年一一月号。

見田宗介・大澤真幸「名づけられない革命をめぐって　新しい共同性の論理」『Atプラス：思想と活動』第二号、二〇〇九年一一月。

宮川裕二『「新しい公共」とは何だったのか　四半世紀の軌跡と新自由主義

的統治性』風行社、二〇二三年。

安丸良夫『現代日本思想論　歴史意識とイデオロギー』岩波書店、二〇〇四年。

山崎正和『曖昧への冒険』新潮社、一九八一年。

山田敦「民主主義と平和の理論　デモクラティック・ピース論争について」『一橋研究』第二一巻第四号、一九九七年。

山本昭宏『戦後民主主義　現代日本を創った思想と文化』中公新書、二〇二一年。

山本昭宏『残されたものたちの戦後日本表現史』青土社、二〇二三年。

吉田裕「せめぎあう歴史認識」成田龍一・吉田裕編『岩波講座　アジア・太平洋戦争　戦後篇　記憶と認識の中のアジア・太平洋戦争』岩波書店、二〇一五年。

吉見俊哉『ポスト戦後社会』岩波新書、二〇〇九年。

吉見俊哉『夢の原子力』ちくま新書、二〇一二年。

吉見俊哉『空爆論　メディアと戦争』岩波書店、二〇二二年。

與那覇潤『歴史がおわるまえに』亜紀書房、二〇一九年。

若宮啓文『戦後70年　保守のアジア観』朝日選書、二〇一四年。

山本昭宏（やまもと・あきひろ）
1984年奈良県生まれ。京都大学大学院文学研究科現代文化学専攻二十世紀学専修博士後期課程修了。博士（文学）。神戸市外国語大学外国語学部准教授。日本学術振興会特別研究員などを経て現職。専門は日本近現代史、メディア文化史、歴史社会学。著書に『核エネルギー言説の戦後史 1945-1960』『大江健三郎とその時代 「戦後」に選ばれた小説家』（ともに人文書院）、『核と日本人 ヒロシマ・ゴジラ・フクシマ』『戦後民主主義 現代日本を創った思想と文化』（ともに中公新書）、『原子力の精神史 〈核〉と日本の現在地』（集英社新書）、『残されたものたちの戦後日本表現史』（青土社）などがある。

朝日選書 1042

変質《へんしつ》する平和主義《へいわしゅぎ》
〈戦争《せんそう》の文化《ぶんか》〉の思想《しそう》と歴史《れきし》を読《よ》み解《と》く

2024年6月25日 第1刷発行

著者 山本昭宏

発行者 宇都宮健太朗

発行所 朝日新聞出版
〒104-8011 東京都中央区築地5-3-2
電話 03-5541-8832（編集）
03-5540-7793（販売）

印刷所 大日本印刷株式会社

Published in Japan by Asahi Shimbun Publications Inc.
ISBN978-4-02-263132-9
定価はカバーに表示してあります。

落丁・乱丁の場合は弊社業務部（電話 03-5540-7800）へご連絡ください。
送料弊社負担にてお取り替えいたします。

失われた近代を求めて　上・下
橋本治
作品群と向き合いながら、捉え直しを試みる近代文学論

増補改訂　オリンピック全大会
人と時代と夢の物語
武田薫
スタジアムの内外で繰り広げられた無数のドラマ

〔天狗倶楽部〕快傑伝
元気と正義の男たち
横田順彌
こんな痛快な男たちが日本にスポーツを広めた

日本のイスラーム
歴史・宗教・文化を読み解く
小村明子
わが国に住むムスリムの知られざる実像に肉薄する

asahi sensho

精神科医がみた老いの不安・抑うつと成熟
竹中星郎
第一人者による、実践的に役立つ臨床の覚書

ベトナム戦争と私
カメラマンの記録した戦場
石川文洋
82歳となる「戦場カメラマン」が戦地を書ききった

アフリカからアジアへ
現生人類《ホモ・サピエンス》はどう拡散したか
西秋良宏編
どうして、ホモ・サピエンスだけが生き残ったのか

吉田茂
戦後日本の設計者
保阪正康
戦後最大の宰相の功罪に鋭く迫った大作